Ferragus, Chef des Dévorants

Honoré de Balzac

Un ménage tranquille succombe à des soupçons. Fondés ou non ?

Editions : Culturea (Hérault, 34)
ISBN : 9782382745298
Date de parution : mai 2022

Retrouvez notre catalogue sur www.culturea.fr

I

MADAME JULES

Il est dans Paris certaines rues déshonorées autant que peut l'être un homme coupable d'infamie ; puis il existe des rues nobles, puis des rues simplement honnêtes, puis de jeunes rues sur la moralité desquelles le public ne s'est pas encore formé d'opinion ; puis des rues assassines, des rues plus vieilles que de vieilles douairières ne sont vieilles, des rues estimables, des rues toujours propres, des rues toujours sales, des rues ouvrières, travailleuses, mercantiles. Enfin, les rues de Paris ont des qualités humaines, et nous impriment par leur physionomie certaines idées contre lesquelles nous sommes sans défense. Il y a des rues de mauvaise compagnie où vous ne voudriez pas demeurer, et des rues où vous placeriez volontiers votre séjour.

Quelques rues, ainsi que la rue Montmartre, ont une belle tête et finissent en queue de poisson. La rue de la Paix est une large rue, une grande rue ; mais elle ne réveille aucune des pensées gracieusement nobles qui surprennent une âme impressible au milieu de la rue Royale, et elle manque certainement de la majesté qui règne dans la place Vendôme. Si vous vous promenez dans les rues de l'île Saint-Louis, ne demandez raison de la tristesse nerveuse qui s'empare de vous qu'à la solitude, à l'air morne des maisons et des grands hôtels déserts. Cette île, le cadavre des fermiers-généraux, est comme la Venise de Paris.

La place de la Bourse est babillarde, active, prostituée ; elle n'est belle que par un clair de lune, à deux heures du matin :

le jour, c'est un abrégé de Paris ; pendant la nuit, c'est comme une rêverie de la Grèce. La rue Traversière-Saint-Honoré n'est-elle pas une rue infâme ? Il y a là de méchantes petites maisons à deux croisées, où, d'étage en étage, se trouvent des vices, des crimes, de la misère. Les rues étroites exposées au nord, où le soleil ne vient que trois ou quatre fois dans l'année, sont des rues assassines qui tuent impunément ; la Justice d'aujourd'hui ne s'en mêle pas ; mais autrefois le Parlement eût peut-être mandé le lieutenant de police pour le vitupérer à ces causes, et aurait au moins rendu quelque arrêt contre la rue, comme jadis il en porta contre les perruques du chapitre de Beauvais. Cependant Monsieur Benoiston de Châteauneuf a prouvé que la mortalité de ces rues était du double supérieure à celle des autres.

Pour résumer ces idées par un exemple, la rue Fromenteau n'est-elle pas tout à la fois meurtrière et de mauvaise vie ? Ces observations, incompréhensibles au-delà de Paris, seront sans doute saisies par ces hommes d'étude et de pensée, de poésie et de plaisir qui savent récolter, en flânant dans Paris, la masse de jouissances flottantes, à toute heure, entre ses murailles ; par ceux pour lesquels Paris est le plus délicieux des monstres : là, jolie femme ; plus loin, vieux et pauvre ; ici, tout neuf comme la monnaie d'un nouveau règne ; dans ce coin, élégant comme une femme à la mode. Monstre complet d'ailleurs ! Ses greniers, espèce de tête pleine de science et de génie, ses premiers étages, estomacs heureux ; ses boutiques, véritables pieds ; de là partent tous les trotteurs, tous les affairés.

Eh ! quelle vie toujours active a le monstre ? À peine le dernier frétillement des dernières voitures de bal cesse-t-il au coeur que déjà ses bras se remuent aux Barrières, et il se secoue lentement. Toutes les portes bâillent, tournent sur leurs gonds, comme les membranes d'un grand homard, invisiblement manoeuvrées par trente mille hommes ou femmes, dont chacune ou chacun vit dans six pieds carrés, y possède une cuisine, un atelier, un lit, des enfants, un jardin, n'y voit pas clair, et doit tout voir. Insensiblement les articulations craquent, le mouvement se communique, la rue parle. À midi, tout est vivant, les cheminées fument, le monstre mange ; puis il rugit, puis ses mille pattes s'agitent. Beau spectacle !

Mais, à Paris ! qui n'a pas admiré tes sombres paysages, tes échappées de lumière, tes culs-de-sac profonds et silencieux ; qui n'a pas entendu tes murmures, entre minuit et deux heures du matin, ne connaît encore rien de ta vraie poésie, ni de tes bizarres et larges contrastes. Il est un petit nombre d'amateurs, de gens qui ne marchent jamais en écervelés, qui dégustent leur Paris, qui en possèdent si bien la physionomie qu'ils y voient une verrue, un bouton, une rougeur. Pour les autres, Paris est toujours cette monstrueuse merveille, étonnant assemblage de mouvements, de machines et de pensées, la ville aux cent mille romans, la tête du monde. Mais, pour ceux-là, Paris est triste ou gai, laid ou beau, vivant ou mort ; pour eux, Paris est une créature ; chaque homme, chaque fraction de maison est un lobe du tissu cellulaire de cette grande courtisane de laquelle ils connaissent parfaitement la tête, le coeur et les moeurs fantasques.

Aussi ceux-là sont-ils les amants de Paris : ils lèvent le nez à tel coin de rue, sûrs d'y trouver le cadran d'une horloge ; ils disent à un ami dont la tabatière est vide : “Prends par tel passage, il y a un débit de tabac, à gauche, près d'un pâtissier qui a une jolie femme.” Voyager dans Paris est, pour ces poètes, un luxe coûteux. Comment ne pas dépenser quelques minutes devant les drames, les désastres, les figures, les pittoresques accidents qui vous assaillent au milieu de cette mouvante reine des cités, vêtue d'affiches et qui néanmoins n'a pas un coin de propre, tant elle est complaisante aux vices de la nation française. À qui n'est-il pas arrivé de partir, le matin, de son logis pour aller aux extrémités de Paris, sans avoir pu en quitter le centre à l'heure du dîner ? Ceux-là sauront excuser ce début vagabond qui, cependant, se résume par une observation éminemment utile et neuve, autant qu'une observation peut être neuve à Paris où il n'y a rien de neuf, pas même la statue posée d'hier sur laquelle un gamin a déjà mis son nom. Oui donc, il est des rues, ou des fins de rue, il est certaines maisons, inconnues pour la plupart aux personnes du grand monde, dans lesquelles une femme appartenant à ce monde ne saurait aller sans faire penser d'elle les choses les plus cruellement blessantes. Si cette femme est riche, si elle a voiture, si elle se trouve à pied ou déguisée, en quelques-uns de ces défilés du pays parisien, elle y compromet sa réputation d'honnête femme. Mais si, par hasard, elle y est venue à neuf heures du soir, les conjectures qu'un observateur peut se permettre deviennent épouvantables par leurs conséquences.

Enfin, si cette femme est jeune et jolie, si elle entre dans quelque maison d'une de ces rues ; si la maison a une allée longue et sombre, humide et puante ; si au fond de l'allée tremblote la lueur pâle d'une lampe, et que sous cette lueur se dessine un horrible visage de vieille femme aux doigts décharnés ; en vérité, disons-le, par intérêt pour les jeunes et jolies femmes, cette femme est perdue. Elle est à la merci du premier homme de sa connaissance qui la rencontre dans ces marécages parisiens. Mais il y a telle rue de Paris où cette rencontre peut devenir le drame le plus effroyablement terrible, un drame plein de sang et d'amour, un drame de l'école moderne.

Malheureusement, cette conviction, ce dramatique sera, comme le drame moderne, compris par peu de personnes ; et c'est grande pitié que de raconter une histoire à un public qui n'en épouse pas tout le mérite local. Mais qui peut se flatter d'être jamais compris ? Nous mourrons tous inconnus. C'est le mot des femmes et celui des auteurs.

À huit heures et demie du soir, rue Pagevin, dans un temps où la rue Pagevin n'avait pas un mur qui ne répétât un mot infâme, et dans la direction de la rue Soly, la plus étroite et la moins praticable de toutes les rues de Paris, sans en excepter le coin le plus fréquenté de la rue la plus déserte ; au commencement du mois de février, il y a de cette aventure environ treize ans, un jeune homme, par l'un de ces hasards qui n'arrivent pas deux fois dans la vie, tournait, à pied, le coin de la rue Pagevin pour entrer dans la rue des Vieux-Augustins, du côté droit, où se trouve précisément la rue Soly.

Là, ce jeune homme, qui demeurait, lui, rue de Bourbon, trouva dans la femme à quelques pas de laquelle il marchait fort insouciamment de vagues ressemblances avec la plus jolie femme de Paris, une chaste et délicieuse personne de laquelle il était en secret passionnément amoureux, et amoureux sans espoir : elle était mariée. En un moment son coeur bondit, une chaleur intolérable sourdit de son diaphragme et passa dans toutes ses veines, il eut froid dans le dos, et sentit dans sa tête un frémissement superficiel. Il aimait, il était jeune, il connaissait Paris ; et sa perspicacité ne lui permettait pas d'ignorer tout ce qu'il y avait d'infamie possible pour une femme élégante, riche, jeune et jolie, à se promener là, d'un pied criminellement furtif. Elle, dans cette crotte, à cette heure !

L'amour que ce jeune homme avait pour cette femme pourra sembler bien romanesque, et d'autant plus même qu'il était officier dans la Garde royale. S'il eût été dans l'infanterie, la chose serait encore vraisemblable ; mais officier supérieur de cavalerie, il appartenait à l'arme française qui veut le plus de rapidité dans ses conquêtes, qui tire vanité de ses moeurs amoureuses autant que de son costume. Cependant la passion de cet

officier était vraie, et à beaucoup de jeunes coeurs elle paraîtra grande.
Il aimait cette femme parce qu'elle était vertueuse, il en aimait la vertu, la grâce décente, l'imposante sainteté, comme les plus chers trésors de sa passion inconnue. Cette femme était vraiment digne d'inspirer un de ces amours platoniques qui se rencontrent comme des fleurs au milieu de ruines sanglantes dans l'histoire du
Moyen Âge ; digne d'être secrètement le principe de toutes les actions d'un homme jeune ; amour aussi haut, aussi pur que le ciel quand il est bleu ; amour sans espoir et auquel on s'attache, parce qu'il ne trompe jamais ; amour prodigue de jouissances effrénées, surtout à un âge où le coeur est brûlant, l'imagination mordante, et où les yeux d'un homme voient bien clair. Il se rencontre dans Paris des effets de nuit singuliers, bizarres, inconcevables. Ceux-là seulement qui se sont amusés à les observer savent combien la femme y devient fantastique à la brune. Tantôt la créature que vous y suivez, par hasard ou à dessein, vous paraît svelte ; tantôt le bas, s'il est bien blanc, vous fait croire à des jambes fines et élégantes ; puis la taille, quoique enveloppée d'un châle, d'une pelisse, se révèle jeune et voluptueuse dans l'ombre ; enfin les clartés incertaines d'une boutique ou d'un réverbère donnent à l'inconnue un éclat fugitif, presque toujours trompeur, qui réveille, allume l'imagination et la lance au-delà du vrai. Les sens s'émeuvent alors, tout se colore et s'anime ; la femme prend un aspect tout nouveau ; son corps s'embellit ; par moments ce n'est plus une femme, c'est un démon, un feu follet qui vous entraîne par un ardent magnétisme jusqu'à une maison décente où la pauvre bourgeoise, ayant peur de votre pas menaçant ou de vos bottes retentissantes, vous ferme la porte cochère au nez sans vous regarder. La lueur vacillante que projetait le vitrage d'une boutique de cordonnier illumina soudain, précisément à la chute des reins, la taille de la femme qui se trouvait devant le jeune homme. Ah ! certes, elle seule était ainsi cambrée !
Elle seule avait le secret de cette chaste démarche qui met innocemment en relief les beautés des formes les plus attrayantes. C'était et son châle du matin et le chapeau de velours du matin. À son bas de soie gris, pas une mouche, à son soulier pas une éclaboussure. Le châle était bien collé sur le buste, il en dessinait vaguement les délicieux contours, et le jeune homme en avait vu les blanches épaules au bal ; il savait tout ce que ce châle

couvrait de trésors. À la manière dont s'entortille une Parisienne dans son châle, à la manière dont elle lève le pied dans la rue, un homme d'esprit devine le secret de sa course mystérieuse. Il y a je ne sais quoi de frémissant, de léger dans la personne et dans la démarche : la femme semble peser moins, elle va, elle va, ou mieux elle file comme une étoile, et vole emportée par une pensée que trahissent les plis et les jeux de sa robe. Le jeune homme hâta le pas, devança la femme, se retourna pour la voir... Pst ! elle avait disparu dans une allée dont la porte à claire-voie et à grelot claquait et sonnait. Le jeune homme revint, et vit cette femme montant au fond de l'allée, non sans recevoir l'obséquieux salut d'une vieille portière, un tortueux escalier dont les premières marches étaient fortement éclairées ; et Madame montait lestement, vivement, comme doit monter une femme impatiente.

- Impatiente de quoi ? se dit le jeune homme qui se recula pour se coller en espalier sur le mur de l'autre côté de la rue.

Et il regarda, le malheureux, tous les étages de la maison avec l'attention d'un agent de police cherchant son conspirateur.

C'était une de ces maisons comme il y en a des milliers à Paris, maison ignoble, vulgaire, étroite, jaunâtre de ton, à quatre étages et à trois fenêtres. La boutique et l'entresol appartenaient au cordonnier. Les persiennes du premier étage étaient fermées.

Où allait Madame ? Le jeune homme crut entendre les tintements d'une sonnette dans l'appartement du second. Effectivement, une lumière s'agita dans une pièce à deux croisées fortement éclairées, et illumina soudain la troisième dont l'obscurité annonçait une première chambre, sans doute le salon ou la salle à manger de l'appartement. Aussitôt la silhouette d'un chapeau de femme se dessina vaguement, la porte se ferma, la première pièce redevint obscure, puis les deux dernières croisées reprirent leurs teintes rouges. Là, le jeune homme entendit :

“Gare !”, et reçut un coup à l'épaule.

- Vous ne faites donc attention à rien, dit une grosse voix.

C'était la voix d'un ouvrier portant une longue planche sur son épaule. Et l'ouvrier passa. Cet ouvrier était l'homme de la Providence, disant à ce curieux : “De quoi te mêles-tu ? Songe à ton service, et laisse les Parisiens à leurs petites affaires.” Le jeune homme se croisa les bras ; puis, n'étant vu de personne, il laissa rouler sur ses joues des larmes de rage sans les essuyer. Enfin, la vue des ombres qui se jouaient sur ces deux fenêtres éclairées lui faisait mal, il regarda au hasard dans la partie supérieure de la rue des Vieux-Augustins, et il vit un fiacre arrêté le long d'un mur, à un endroit où il n'y avait ni porte de maison ni lueur de boutique.

Est-ce elle ? n'est-ce pas elle ? La vie ou la mort pour un amant. Et cet amant attendait. Il resta là pendant un siècle de vingt minutes. Après, la femme descendit, et il reconnut alors celle qu'il aimait secrètement. Néanmoins il voulut douter encore. L'inconnue alla vers le fiacre et y monta.

- La maison sera toujours là, je pourrai toujours la fouiller, se dit le jeune homme qui suivit la voiture en courant afin de dissiper ses derniers doutes, et bientôt il n'en conserva plus.

Le fiacre s'arrêta rue de Richelieu, devant la boutique d'un magasin de fleurs, près de la rue de Ménars. La dame descendit, entra dans la boutique, envoya l'argent dû au cocher, et sortit après avoir choisi des marabouts. Des marabouts pour ses cheveux noirs ! Brune, elle avait approché le plumage de sa tête pour en voir l'effet. L'officier croyait entendre la conversation de cette femme avec les fleuristes.

- Madame, rien ne va mieux aux brunes, les brunes ont quelque chose de trop précis dans les contours, et les marabouts prêtent à leur toilette un flou qui leur manque. Madame la duchesse de Langeais dit que cela donne à une femme quelque chose de vague, d'ossianique et de très comme il faut.

- Bien. Envoyez-les-moi promptement.

Puis la dame tourna lestement vers la rue de Ménars, et rentra chez elle. Quand la porte de l'hôtel où elle demeurait fut fermée, le jeune amant, ayant perdu toutes ses espérances, et, double malheur, ses plus chères croyances, alla dans Paris comme un homme ivre, et se trouva bientôt chez lui sans savoir comment il y était venu.

Il se jeta dans un fauteuil, resta les pieds sur ses chenets, la tête entre les mains, séchant ses bottes mouillées, les brûlant même. Ce fut un moment affreux, un de ces moments où, dans la vie humaine, le caractère se modifie, et où la conduite du meilleur homme dépend du bonheur ou du malheur de sa première action. Providence ou Fatalité, choisissez.

Ce jeune homme appartenait à une bonne famille dont la noblesse n'était pas d'ailleurs très ancienne ; mais il y a si peu d'anciennes familles aujourd'hui, que tous les jeunes gens sont anciens sans conteste. Son aïeul avait acheté une charge de Conseiller au Parlement de Paris, où il était devenu Président.

Ses fils, pourvus chacun d'une belle fortune, entrèrent au service, et, par leurs alliances, arrivèrent à la Cour. La Révolution avait balayé cette famille ; mais il en était resté une vieille douairière entêtée qui n'avait pas voulu émigrer ; qui, mise en prison, menacée de mourir et sauvée au 9 thermidor, retrouva ses biens.

Elle fit revenir en temps utile, vers 1804, son petit-fils Auguste de Maulincour, l'unique rejeton des Charbonnon de Maulincour, qui fut élevé par la bonne douairière avec un triple soin de mère, de femme noble et de douairière entêtée, Puis, quand vint la Restauration, le jeune homme, alors âgé de dix-huit ans, entra dans la Maison-Rouge, suivit les princes à Gand, fut fait officier dans les Gardes du corps, en sortit pour servir dans la Ligne, fut rappelé dans la Garde royale, où il se trouvait alors, à vingt trois ans, chef d'escadron
d'un régiment de cavalerie, position superbe, et due à sa grand-mère, qui, malgré son âge, savait très bien son monde. Cette double biographie est le résumé de l'histoire générale et particulière, sauf les variantes, de toutes les familles qui ont émigré, qui avaient des dettes et des biens, des douairières et de l'entregent. Madame la baronne de Maulincour avait pour ami le vieux vidame de Pamiers, ancien Commandeur de l'Ordre de Malte. C'était une de ces amitiés éternelles fondées sur des liens sexagénaires, et que rien ne peut plus tuer, parce qu'au fond de ces liaisons il y a toujours des secrets de coeur humain, admirables à deviner quand on en a le temps, mais insipides à expliquer en vingt lignes, et qui feraient le texte d'un ouvrage en quatre volumes, amusant comme peut l'être Le Doyen de Killerine, une de ces oeuvres dont parlent les jeunes gens, et qu'ils jugent sans les avoir lues. Auguste de Maulincour tenait donc au faubourg Saint-Germain par sa grand-mère et par le vidame, et il lui suffisait de dater de deux siècles pour prendre les airs et les opinions de ceux qui prétendent remonter à Clovis. Ce jeune homme pâle, long et fluet, délicat en apparence, homme d'honneur et de vrai courage d'ailleurs, qui se battait en duel sans hésiter pour un oui, pour un non, ne s'était encore trouvé sur aucun champ de

bataille, et portait à sa boutonnière la croix de la Légion d'honneur. C'était, vous le voyez, une des fautes vivantes de la Restauration, peut-être la plus pardonnable. La jeunesse de ce temps n'a été la jeunesse d'aucune époque : elle s'est rencontrée entre les souvenirs de l'Empire et les souvenirs de l'émigration, entre les vieilles traditions de la Cour et les études consciencieuses de la bourgeoisie, entre la religion et les bals costumés, entre deux fois politiques, entre Louis XVIII qui ne voyait que le présent, et Charles X qui voyait trop en avant ; puis, obligée de respecter la volonté du roi quoique la royauté se trompât. Cette jeunesse incertaine en tout, aveugle et clairvoyante, ne fut comptée pour rien par des vieillards jaloux de garder les rênes de l'État dans leurs mains débiles, tandis que la monarchie pouvait être sauvée par leur retraite, et par l'accès de cette jeune France de laquelle aujourd'hui les vieux doctrinaires, ces émigrés de la Restauration, se moquent encore. Auguste de Maulincour était une victime des idées qui pesaient alors sur cette jeunesse, et voici comment. Le vidame était encore, à soixante-sept ans, un homme très spirituel, ayant beaucoup vu, beaucoup vécu, contant bien, homme d'honneur, galant homme, mais qui avait, à l'endroit des femmes, les opinions les plus détestables : il les aimait et les méprisait. Leur honneur, leurs sentiments ? Tarare, bagatelles et momeries ! Près d'elles, il croyait en elles, le ci devant monstre, il ne les contredisait jamais, et les faisait valoir.

Mais, entre amis, quand il en était question, le vidame posait en principe que tromper les femmes, mener plusieurs intrigues de front, devait être toute l'occupation des jeunes gens, qui se fourvoyaient en voulant se mêler d'autre chose dans l'État. Il est fâcheux d'avoir à esquisser un portrait si suranné. N'a-t-il pas figuré partout ? et littéralement, n'est-il pas presque aussi usé que celui d'un grenadier de l'Empire ?

Mais le vidame eut sur la destinée de Monsieur de Maulincour une influence qu'il était nécessaire de consacrer ; il le moralisait à sa manière, et voulait le convertir aux doctrines du grand siècle de la galanterie. La douairière, femme tendre et pieuse, assise entre son vidame et Dieu, modèle de grâce et de douceur, mais douée d'une persistance de bon goût qui triomphe de tout à la longue, avait voulu conserver à son petit-fils les belles illusions de la vie, et l'avait élevé dans les meilleurs principes ; elle lui donna toutes ses délicatesses, et en fit un homme timide, un vrai sot en

apparence.
La sensibilité de ce garçon, conservée pure, ne s'usa point au dehors, et lui resta si pudique, si chatouilleuse, qu'il était vivement offensé par des actions et des maximes auxquelles le monde n'attachait aucune importance. Honteux de sa susceptibilité, le jeune homme la cachait sous une assurance menteuse, et souffrait en silence ; mais il se moquait, avec les autres, de choses que seul il admirait. Aussi fut-il trompé, parce que, suivant un caprice assez commun de la destinée, il rencontra dans l'objet de sa première passion, lui, homme de douce mélancolie et spiritualiste en amour, une femme qui avait pris en horreur la sensiblerie allemande. Le jeune homme douta de lui, devint rêveur, et se roula dans ses chagrins, en se plaignant de ne pas être compris. Puis, comme nous désirons d'autant plus violemment les choses qu'il nous est plus difficile de les avoir, il continua d'adorer les femmes avec cette ingénieuse tendresse et ces félines délicatesses dont le secret leur appartient et dont peut être veulent-elles garder le monopole.
En effet, quoique les femmes se plaignent d'être mal aimées par les hommes, elles ont néanmoins peu de goût pour ceux dont l'âme est à demi féminine. Toute leur supériorité consiste à faire croire aux hommes qu'ils leur sont inférieurs en amour ; aussi quittent-elles assez volontiers un amant, quand il est assez inexpérimenté pour leur ravir les craintes dont elles veulent se parer, ces délicieux tourments de la jalousie à faux, ces troubles de l'espoir trompé, ces vaines attentes, enfin tout le cortège de leurs bonnes misères de femme ; elles ont en horreur les Grandisson. Qu'y a-t-il de plus contraire à leur nature qu'un amour tranquille et parfait ? Elles veulent des émotions, et le bonheur sans orages n'est plus le bonheur pour elles. Les âmes féminines assez puissantes pour mettre l'infini dans l'amour constituent d'angéliques exceptions, et sont parmi les femmes ce que sont les beaux génies parmi les hommes. Les grandes passions sont rares comme les chefs d'oeuvre. Hors cet amour, il n'y a que des arrangements, des irritations passagères, méprisables, comme tout ce qui est petit.
Au milieu des secrets désastres de son coeur, pendant qu'il cherchait une femme par laquelle il pût être compris, recherche qui, pour le dire en passant, est la grande folie amoureuse de notre époque, Auguste rencontra

dans le monde le plus éloigné du sien, dans la seconde sphère du monde d'argent où la haute banque tient le premier rang, une créature parfaite, une de ces femmes qui ont je ne sais quoi de saint et de sacré, qui inspirent tant de respect, que l'amour a besoin de tous les secours d'une longue familiarité pour se déclarer.

Auguste se livra donc tout entier aux délices de la plus touchante et de la plus profonde des passions, à un amour purement admiratif. Ce fut d'innombrables désirs réprimés, nuances de passion si vagues et si profondes, si fugitives et si frappantes, qu'on ne sait à quoi les comparer ; elles ressemblent à des parfums, à des nuages, à des rayons de soleil, à des ombres, à tout ce qui, dans la nature, peut en un moment briller et disparaître, se raviver et mourir, en laissant au coeur de longues émotions. Dans le moment où l'âme est encore assez jeune pour concevoir la mélancolie, les lointaines espérances, et sait trouver dans la femme plus qu'une femme, n'est-ce pas le plus grand bonheur qui puisse échoir à un homme que d'aimer assez pour ressentir plus de joie à toucher un gant blanc, à effleurer des cheveux, à écouter une phrase, à jeter un regard, que la possession la plus fougueuse n'en donne à l'amour heureux ? Aussi, les gens rebutés, les laides, les malheureux, les amants inconnus, les femmes ou les hommes timides, connaissent-ils seuls les trésors que renferme la voix de la personne aimée. En prenant leur source et leur principe dans l'âme même, les vibrations de l'air chargé de feu mettent si violemment les coeurs en rapport, y portent si lucidement la pensée, et sont si peu menteuses, qu'une seule inflexion est souvent tout un dénouement. Combien d'enchantements ne prodigue pas au coeur d'un poète le timbre harmonieux d'une voix douce ! combien d'idées elle y réveille ! quelle fraîcheur elle y répand ! L'amour est dans la voix avant d'être avoué par le regard.

Auguste, poète à la manière des amants (il y a les poètes qui sentent et les poètes qui expriment, les premiers sont les plus heureux), Auguste avait savouré toutes ces joies premières, si larges, si fécondes. Elle possédait le plus flatteur organe que la femme la plus artificieuse ait jamais souhaité pour pouvoir tromper à son aise ; elle avait cette voix d'argent, qui, douce à l'oreille, n'est éclatante que pour le coeur qu'elle trouble et remue, qu'elle caresse en le bouleversant. Et cette femme allait le soir rue Soly, près la rue Pagevin ; et sa furtive apparition dans une infâme maison venait de briser la plus magnifique des passions ! La logique du vidame triompha.

- Si elle trahit son mari, nous nous vengerons, dit Auguste.

Il y avait encore de l'amour dans le si... Le doute philosophique de Descartes est une politesse par laquelle il faut toujours honorer la vertu. Dix heures sonnèrent. En ce moment le baron de Maulincour se rappela que cette femme devait aller au bal dans une maison où il avait accès. Sur-le-champ il s'habilla, partit, arriva, la chercha d'un air sournois dans les salons.

Madame de Nucingen, le voyant si affairé, lui dit : - Vous ne voyez pas Madame Jules, mais elle n'est pas encore venue.

- Bonjour, ma chère, dit une voix.

Auguste et Madame de Nucingen se retournent. Madame Jules arrivait vêtue de blanc, simple et noble, coiffée précisément avec les marabouts que le jeune baron lui avait vu choisir dans le magasin de fleurs. Cette voix d'amour perça le coeur d'Auguste. S'il avait su conquérir le moindre droit qui lui permît d'être jaloux de cette femme, il aurait pu la pétrifier en lui disant :

“Rue Soly !” Mais quand lui, étranger, eût mille fois répété ce mot à l'oreille de Madame Jules, elle lui aurait avec étonnement demandé ce qu'il voulait dire : il la regarda d'un air stupide.

Pour les gens méchants et qui rient de tout, c'est peut-être un grand amusement que de connaître le secret d'une femme, de savoir que sa chasteté ment, que sa figure calme cache une pensée profonde, qu'il y a quelque épouvantable drame sous son front pur. Mais il y a certaines âmes qu'un tel spectacle contriste réellement, et beaucoup de ceux qui en rient, rentrés chez eux, seuls avec leur conscience, maudissent le monde et méprisent une telle femme. Tel se trouvait Auguste de Maulincour en présence de Madame Jules. Situation bizarre ! Il n'existait pas entre eux d'autres rapports que ceux qui s'établissent dans le monde entre gens qui échangent quelques mots sept ou huit fois par hiver, et il lui demandait compte d'un bonheur ignoré d'elle, il la jugeait sans lui faire connaître l'accusation.

Beaucoup de jeunes gens se sont trouvés ainsi, rentrant chez eux, désespérés d'avoir rompu pour toujours avec une femme adorée en secret ;

condamnée, méprisée en secret. C'est des monologues inconnus, dits aux murs d'un réduit solitaire, des orages nés et calmés sans être sortis du fond des coeurs, d'admirables scènes du monde moral, auxquelles il faudrait un peintre.

Madame Jules alla s'asseoir, en quittant son mari qui fit le tour du salon. Quand elle fut assise, elle se trouva comme gênée, et, tout en causant avec sa voisine, elle jetait furtivement un regard sur Monsieur Jules Desmarets, son mari, l'agent de change du baron de Nucingen.

Voici l'histoire de ce ménage.

Monsieur Desmarets était, cinq ans avant son mariage, placé chez un agent de change, et n'avait alors pour toute fortune que les maigres appointements d'un commis. Mais c'était un de ces hommes auxquels le malheur apprend hâtivement les choses de la vie, et qui suivent la ligne droite avec la ténacité d'un insecte voulant arriver à son gîte ; un de ces jeunes gens têtus qui font les morts devant les obstacles et lassent toutes les patiences par une patience de cloporte. Ainsi, jeune, il avait toutes les vertus républicaines des peuples pauvres : il était sobre, avare de son temps, ennemi des plaisirs. Il attendait. La nature lui avait d'ailleurs donné les immenses avantages d'un extérieur agréable.

Son front calme et pur ; la coupe de sa figure placide, mais expressive ; ses manières simples, tout en lui révélait une existence laborieuse et résignée, cette haute dignité personnelle qui impose, et cette secrète noblesse de coeur qui résiste à toutes les situations. Sa modestie inspirait une sorte de respect à tous ceux qui le connaissaient. Solitaire d'ailleurs au milieu de Paris, il ne voyait le monde que par échappées, pendant le peu de moments qu'il passait dans le salon de son patron, les jours de fête. Il y avait chez ce jeune homme, comme chez la plupart des gens qui vivent ainsi, des passions d'une étonnante profondeur ; passions trop vastes pour se compromettre jamais dans de petits incidents. Son peu de fortune l'obligeait à une vie austère, et il domptait ses fantaisies par de grands travaux. Après avoir pâli sur les chiffres, il se délassait en essayant avec obstination d'acquérir cet ensemble de connaissances, aujourd'hui nécessaires à tout homme qui veut se faire remarquer dans le monde, dans le commerce, au barreau, dans la politique ou dans les lettres. Le seul écueil que rencontrent ces belles âmes est leur probité même. Voient-ils une pauvre fille, ils s'en amourachent, l'épousent, et usent leur existence à se débattre entre la misère et l'amour. La plus belle ambition s'éteint dans le livre de dépense du ménage. Jules Desmarets donna pleinement dans cet écueil. Un soir, il vit chez son patron une jeune personne de la plus rare beauté. Les malheureux privés d'affection, et qui consument les belles heures de la jeunesse en de longs travaux, ont seuls le secret des rapides ravages que fait une passion dans leurs coeurs désertés, méconnus. Ils sont si certains de bien aimer, toutes leurs forces se concentrent si promptement sur la femme de laquelle ils s'éprennent, que, près d'elle, ils reçoivent de délicieuses sensations en n'en donnant souvent aucune. C'est le plus flatteur de tous les égoïsmes pour la femme qui sait deviner cette apparente immobilité de la passion et ces atteintes si profondes qu'il leur faut quelque temps pour reparaître à la surface humaine. Ces pauvres gens, anachorètes au sein de Paris, ont toutes les jouissances des anachorètes, et peuvent parfois succomber à leurs tentations ; mais plus souvent trompés, trahis, mésentendus, il leur est rarement permis de recueillir les doux fruits de cet amour qui, pour eux, est toujours comme une fleur tombée du ciel. Un sourire de sa femme, une seule inflexion de voix suffirent à Jules Desmarets pour concevoir une passion sans bornes.

Heureusement, le feu concentré de cette passion secrète se révéla naïvement à celle qui l'inspirait. Ces deux êtres s'aimèrent alors religieusement. Pour tout exprimer en un mot, ils se prirent sans honte tous deux par la main, au milieu du monde, comme deux enfants, frère et soeur, qui veulent traverser une foule où chacun leur fait place en les admirant. La jeune personne était dans une de ces circonstances affreuses où l'égoïsme a placé certains enfants. Elle n'avait pas d'état civil, et son nom de Clémence, son âge furent constatés par un acte de notoriété publique. Quant à sa fortune, c'était peu de chose.

Jules Desmarets fut l'homme le plus heureux en apprenant ces malheurs. Si Clémence eût appartenu à quelque famille opulente, il aurait désespéré de l'obtenir ; mais elle était une pauvre enfant de l'amour, le fruit de quelque terrible passion adultérine : ils s'épousèrent. Là, commença pour Jules Desmarets une série d'événements heureux. Chacun envia son bonheur, et ses jaloux l'accusèrent dès lors de n'avoir que du bonheur, sans faire la part à ses vertus ni à son courage. Quelques jours après le mariage de sa fille, la mère de Clémence, qui, dans le monde, passait pour en être la marraine, dit à Jules Desmarets d'acheter une charge d'agent de change, en promettant de lui procurer tous les capitaux nécessaires. En ce moment, ces charges étaient encore à un prix modéré. Le soir, dans le salon même de son agent de change, un riche capitaliste proposa, sur la recommandation de cette dame, à Jules Desmarets, le plus avantageux marché qu'il fût possible de conclure, lui donna autant de fonds qu'il lui en fallait pour exploiter son privilège, et le lendemain l'heureux commis avait acheté la charge de son patron.

En quatre ans, Jules Desmarets était devenu l'un des plus riches particuliers de sa compagnie ; des clients considérables vinrent augmenter le nombre de ceux que lui avait légués son prédécesseur.

Il inspirait une confiance sans bornes, et il lui était impossible de méconnaître, dans la manière dont les affaires se présentaient à lui, quelque influence occulte due à sa belle-mère ou à une protection secrète qu'il attribuait à la Providence. Au bout de la troisième année, Clémence perdit sa marraine. En ce moment, Monsieur Jules, que l'on nommait ainsi pour le distinguer de son frère aîné, qu'il avait établi notaire à Paris, possédait environ deux cent mille livres de rente. Il n'existait pas dans Paris un second exemple du bonheur dont jouissait ce ménage. Depuis cinq ans cet amour exceptionnel n'avait été troublé que par une calomnie dont Monsieur Jules tira la plus éclatante vengeance.

Un de ses anciens camarades attribuait à Madame Jules la fortune de son mari, qu'il expliquait par une haute protection chèrement achetée. Le calomniateur fut tué en duel. La passion profonde des deux époux l'un pour l'autre, et qui résistait au mariage, obtenait dans le monde le plus grand succès, quoiqu'elle contrariât plusieurs femmes. Le joli ménage était respecté, chacun le fêtait. L'on aimait sincèrement Monsieur et Madame Jules, peut-être parce qu'il n'y a rien de plus doux à voir que des gens heureux ; mais ils ne restaient jamais longtemps dans les salons, et s'en sauvaient impatients de gagner leur nid à tire-d'aile comme deux colombes égarées.

Ce nid était d'ailleurs un grand et bel hôtel de la rue de Ménars où le sentiment des arts tempérait ce luxe que la gent financière continue à étaler traditionnellement, et où les deux époux recevaient magnifiquement,

quoique les obligations du monde leur convinssent peu. Néanmoins, Jules subissait le monde, sachant que, tôt ou tard, une famille en a besoin ; mais sa femme et lui s'y trouvaient toujours comme des plantes de serre au milieu d'un orage. Par une délicatesse bien naturelle, Jules avait caché soigneusement à sa femme et la calomnie et la mort du calomniateur qui avait failli troubler leur félicité. Madame Jules était portée, par sa nature artiste et délicate, à aimer le luxe. Malgré la terrible leçon du duel, quelques femmes imprudentes se disaient à l'oreille que Madame Jules devait se trouver souvent gênée. Les vingt mille francs que lui accordait son mari pour sa toilette et pour ses fantaisies ne pouvaient pas, suivant leurs calculs, suffire à ses dépenses. En effet, on la trouvait souvent bien plus élégante, chez elle, qu'elle ne l'était pour aller dans le monde. Elle aimait à ne se parer que pour son mari, voulant lui prouver ainsi que, pour elle, il était plus que le monde. Amour vrai, amour pur, heureux surtout, autant que le peut être un amour publiquement clandestin. Aussi Monsieur Jules, toujours amant, plus amoureux chaque jour, heureux de tout près de sa femme, même de ses caprices, était-il inquiet de ne pas lui en voir, comme si c'eût été le symptôme de quelque maladie.
Auguste de Maulincour avait eu le malheur de se heurter contre cette passion, et de s'éprendre de cette femme à en perdre la tête.
Cependant, quoiqu'il portât en son coeur un amour si sublime, il n'était pas ridicule. Il se laissait aller à toutes les exigences des moeurs militaires ; mais il avait constamment, même en buvant un verre de vin de Champagne, cet air rêveur, ce silencieux dédain de l'existence, cette figure nébuleuse qu'ont, à divers titres, les gens blasés, les gens peu satisfaits d'une vie creuse, et ceux qui se croient poitrinaires ou se gratifient d'une maladie au coeur. Aimer sans espoir, être dégoûté de la vie constituent aujourd'hui des positions sociales. Or, la tentative de violer le coeur d'une souveraine donnerait peut-être plus d'espérances qu'un amour follement conçu pour une femme heureuse. Aussi Maulincour avait-il des raisons suffisantes pour rester grave et morne. Une reine a encore la vanité de sa puissance, elle a contre elle son élévation ; mais une bourgeoise religieuse est comme un hérisson, comme une huître dans leurs rudes enveloppes.
En ce moment, le jeune officier se trouvait près de sa maîtresse anonyme, qui ne savait certes pas être doublement infidèle. Madame Jules était là,

naïvement posée, comme la femme la moins artificieuse du monde, douce, pleine d'une sérénité majestueuse. Quel abîme est donc la nature humaine ? Avant d'entamer la conversation, le baron regardait alternativement et cette femme et son mari. Que de réflexions ne fit-il pas ? Il recomposa toutes les nuits d'Young en un moment. Cependant la musique retentissait dans les appartements, la lumière y était versée par mille bougies, c'était un bal de banquier, une de ces fêtes insolentes par lesquelles ce monde d'or mat essayait de
narguer les salons d'or moulu où riait la bonne compagnie du faubourg Saint-Germain, sans prévoir qu'un jour la banque envahirait le Luxembourg et s'assiérait sur le trône. Les conspirations dansaient alors, aussi insouciantes des futures faillites du pouvoir que des futures faillites de la banque. Les salons dorés de Monsieur le baron de Nucingen avaient cette animation particulière que le monde de Paris, joyeux en apparence du moins, donne aux fêtes de Paris. Là, les hommes de talent communiquent aux sots leur esprit, et les sots leur communiquent cet air heureux qui les caractérise. Par cet échange, tout s'anime. Mais une fête de Paris ressemble toujours un peu à un feu d'artifice : esprit, coquetterie, plaisir, tout y brille et s'y éteint comme des fusées. Le lendemain, chacun a oublié son esprit, ses coquetteries et son plaisir.

- Eh quoi ! se dit Auguste en forme de conclusion, les femmes sont donc telles que le vidame les voit ? Certes, toutes celles qui dansent ici sont moins irréprochables que ne le paraît Madame Jules, et Madame Jules va rue Soly. La rue Soly était sa maladie, le mot seul lui crispait le coeur.

- Madame, vous ne dansez donc jamais ? lui demanda-t-il.

- Voici la troisième fois que vous lui faites cette question depuis le commencement de l'hiver, dit-elle en souriant.

- Mais vous ne m'avez peut-être jamais répondu.

- Cela est vrai.

- Je savais bien que vous étiez fausse, comme le sont toutes les femmes.

Et Madame Jules continua de rire.

- Écoutez, Monsieur, si je vous disais la véritable raison, elle vous paraîtrait ridicule. Je ne pense pas qu'il y ait fausseté à ne pas dire des secrets dont le monde a l'habitude de se moquer.

- Tout secret veut, pour être dit, une amitié de laquelle je ne suis sans doute pas digne, Madame. Mais vous ne sauriez avoir que de nobles secrets, et me croyez-vous donc capable de plaisanter sur des choses respectables ?

- Oui, dit-elle, vous, comme tous les autres, vous riez de nos sentiments les plus purs ; vous les calomniez. D'ailleurs, je n'ai pas de secrets. J'ai le droit d'aimer mon mari à la face du monde, je le dis, j'en suis orgueilleuse ; et si vous vous moquez de moi en apprenant que je ne danse qu'avec lui, j'aurai la plus mauvaise opinion de votre coeur.

- Vous n'avez jamais dansé, depuis votre mariage, qu'avec votre mari ?

- Oui, Monsieur. Son bras est le seul sur lequel je me sois appuyée, et je n'ai jamais senti le contact d'aucun autre homme.

- Votre médecin ne vous a pas même tâté le pouls ?...

- Eh bien, voilà que vous vous moquez.

- Non, Madame, je vous admire parce que je vous comprends. Mais vous laissez entendre votre voix, mais vous vous laissez voir, mais... enfin, vous permettez à nos yeux d'admirer...

- Ah ! voilà mes chagrins, dit-elle en l'interrompant. Oui, j'aurais voulu qu'il fût possible à une femme mariée de vivre avec son mari comme une maîtresse vit avec son amant : car alors...

- Alors, pourquoi étiez-vous, il y a deux heures, à pied, déguisée, rue Soly ?

- Qu'est-ce que c'est que la rue Soly ? lui demanda-t-elle.

Et sa voix si pure ne laissa deviner aucune émotion, et aucun trait ne vacilla dans son visage, et elle ne rougit pas, et elle resta calme.

- Quoi ! vous n'êtes pas montée au second étage d'une maison située rue des Vieux-Augustins, au coin de la rue Soly ? Vous n'aviez pas un fiacre à dix pas, et vous n'êtes pas revenue rue de Richelieu, chez la fleuriste, où vous avez choisi les marabouts qui parent maintenant votre tête ?

- Je ne suis pas sortie de chez moi ce soir.

En mentant ainsi, elle était impassible et rieuse, elle s'éventait ; mais qui eût eu le droit de passer la main sur sa ceinture, au milieu du dos, l'aurait peut-être trouvée humide. En ce moment, Auguste se souvint des leçons du vidame.

- C'était alors une personne qui vous ressemble étrangement, ajouta-t-il d'un air crédule.

- Monsieur, dit-elle, si vous êtes capable de suivre une femme et de surprendre ses secrets, vous me permettrez de vous dire que cela est mal, très mal, et je vous fais l'honneur de ne pas vous croire.

Le baron s'en alla, se plaça devant la cheminée, et parut pensif. Il baissa la tête ; mais son regard était attaché sournoisement sur Madame Jules, qui, ne pensant pas au jeu des glaces, jeta sur lui deux ou trois coups d'oeil empreints de terreur.

Madame Jules fit un signe à son mari, elle en prit le bras en se levant pour se promener dans les salons.

Quand elle passa près de Monsieur de Maulincour, celui-ci, qui causait avec un de ses amis, dit à haute voix, comme s'il répondait à une interrogation : - C'est une femme qui ne dormira certes pas tranquillement cette nuit... Madame Jules s'arrêta, lui lança un regard imposant plein de mépris, et continua sa marche, sans savoir qu'un regard de plus, s'il était surpris par son mari, pouvait mettre en question et son bonheur et la vie de deux hommes. Auguste, en proie à la rage qu'il étouffa dans les profondeurs de son âme, sortit bientôt en jurant de pénétrer jusqu'au coeur de cette intrigue. Avant de partir, il chercha Madame Jules afin de la revoir encore ; mais elle avait disparu. Quel drame jeté dans cette jeune tête éminemment romanesque comme toutes celles qui n'ont point connu l'amour dans toute l'étendue qu'elles lui donnent ! Il adorait Madame Jules sous une nouvelle forme, il l'aimait avec la rage de la jalousie, avec les délirantes angoisses de l'espoir. Infidèle à son mari, cette femme devenait vulgaire. Auguste pouvait se livrer à toutes les félicités de l'amour heureux, et son imagination lui ouvrit alors l'immense carrière des plaisirs de la possession.

Enfin, s'il avait perdu l'ange, il retrouvait le plus délicieux des démons. Il se coucha, faisant mille châteaux en Espagne, justifiant Madame Jules par quelque romanesque bienfait auquel il ne croyait pas. Puis il résolut de se vouer entièrement, dès le lendemain, à la recherche des causes, des intérêts, du noeud que cachait ce mystère. C'était un roman à lire ; ou mieux, un drame à jouer, et dans lequel il avait son rôle.

II

FERRAGUS

Une bien belle chose est le métier d'espion, quand on le fait pour son compte et au profit d'une passion. N'est-ce pas se donner les plaisirs du voleur en restant honnête homme ? Mais il faut se résigner à bouillir de colère, à rugir d'impatience, à se glacer les pieds dans la boue, à transir et brûler, à dévorer de fausses espérances. Il faut aller, sur la foi d'une indication, vers un but ignoré, manquer son coup, pester, s'improviser à soi-même des élégies, des dithyrambes, s'exclamer niaisement devant un passant inoffensif qui vous admire ; puis renverser des bonnes femmes et leurs paniers de pommes, courir, se reposer, rester devant une croisée, faire mille suppositions... Mais c'est la chasse, la chasse dans Paris, la chasse avec tous ses accidents, moins les chiens, le fusil et le taïaut ! Il n'est de comparable à ces scènes que celles de la vie des joueurs. Puis besoin est d'un coeur gros d'amour ou de vengeance pour s'embusquer dans Paris, comme un tigre qui veut sauter sur sa proie, et pour jouir alors de tous les accidents de Paris et d'un quartier, en leur prêtant un intérêt de plus que celui dont ils abondent déjà.

Alors, ne faut-il pas avoir une âme multiple ? n'est-ce pas vivre de mille passions, de mille sentiments ensemble ?

Auguste de Maulincour se jeta dans cette ardente existence avec amour, parce qu'il en ressentit tous les malheurs et tous les plaisirs. Il allait déguisé, dans Paris, veillait à tous les coins de la rue Pagevin ou de la rue des Vieux-Augustins. Il courait comme un chasseur de la rue de Ménars à la rue Soly, de la rue Soly à la rue de

Ménars, sans connaître ni la vengeance, ni le prix dont seraient ou punis ou récompensés tant de soins, de démarches et de ruses ! Et, cependant, il n'en était pas encore arrivé à cette impatience qui tord les entrailles et fait suer ; il flânait avec espoir, en pensant que Madame Jules ne se hasarderait pas pendant les premiers jours à retourner là où elle avait été surprise. Aussi avait-il consacré ces premiers jours à s'initier à tous les secrets de la rue. Novice en ce métier, il n'osait questionner ni le portier, ni le cordonnier de la maison dans laquelle venait Madame Jules ; mais il espérait pouvoir se créer un observatoire dans la maison située en face de l'appartement mystérieux. Il étudiait le terrain, il voulait concilier la prudence et l'impatience, son amour et le secret.

Dans les premiers jours du mois de mars, au milieu des plans qu'il méditait pour frapper un grand coup, et en quittant son échiquier après une de ces factions assidues qui ne lui avaient encore rien appris, il s'en retournait vers quatre heures à son hôtel où l'appelait une affaire relative à son service, lorsqu'il fut pris, rue Coquillière, par une de ces belles pluies qui grossissent tout à coup les ruisseaux, et dont chaque goutte fait cloche en tombant sur les flaques d'eau de la voie publique. Un fantassin de Paris est alors obligé de s'arrêter tout court, de se réfugier dans une boutique ou dans un café, s'il est assez riche pour y payer son hospitalité forcée ; ou, selon l'urgence, sous une porte cochère, asile des gens pauvres ou mal mis. Comment aucun de nos peintres n'a-t-il pas encore essayé de reproduire la physionomie d'un essaim de Parisiens groupés, par un temps d'orage, sous le porche humide d'une maison ?

Où rencontrer un plus riche tableau ? N'y a-t-il pas d'abord le piéton rêveur ou philosophe qui observe avec plaisir, soit les raies faites par la pluie sur le fond grisâtre de l'atmosphère, espèce de ciselures semblables aux jets capricieux des filets de verre ; soit les tourbillons d'eau blanche que le vent roule en poussière lumineuse sur les toits ; soit les capricieux dégorgements des tuyaux pétillants, écumeux ; enfin mille autres riens admirables, étudiés avec délices par les flâneurs, malgré les coups de balai dont les régale le maître de la loge ? Puis il y a le piéton causeur qui se plaint et converse avec la portière, quand elle se pose sur son balai comme un grenadier sur son fusil ; le piéton indigent, fantastiquement collé sur le mur, sans nul souci de ses haillons habitués au contact des rues ; le piéton savant qui étudie, épelle ou lit les affiches sans les achever ; le piéton rieur qui se moque des gens auxquels il arrive malheur dans la rue, qui rit des femmes crottées et fait des mines à ceux ou celles qui sont aux fenêtres ; le piéton silencieux qui regarde à toutes les croisées, à tous les étages ; le piéton industriel, armé d'une sacoche ou muni d'un paquet, traduisant la

pluie par profits et pertes ; le piéton aimable, qui arrive comme un obus, en disant : “Ah ! quel temps, messieurs !” et qui salue tout le monde ; enfin, le vrai bourgeois de Paris, homme à parapluie, expert en averse, qui l'a prévue, sorti malgré l'avis de sa femme, et qui s'est assis sur la chaise du portier. Selon son caractère, chaque membre de cette société fortuite contemple le ciel, s'en va sautillant pour ne pas se crotter, ou parce qu'il est pressé, ou parce qu'il voit des
citoyens marchant malgré vent et marée, ou parce que la cour de la maison étant humide et catarrhalement mortelle, la lisière, dit un proverbe, est pire que le drap. Chacun a ses motifs. Il ne reste que le piéton prudent, l'homme qui, pour se remettre en route, épie quelques espaces bleus à travers les nuages crevassés.

Monsieur de Maulincour se réfugia donc, avec toute une famille de piétons, sous le porche d'une vieille maison dont la cour ressemblait à un grand tuyau de cheminée. Il y avait le long de ces murs plâtreux, salpêtrés et verdâtres, tant de plombs et de conduits, et tant d'étages dans les quatre corps de logis, que vous eussiez dit les cascatelles de Saint-Cloud. L'eau ruisselait de toutes parts ; elle bouillonnait, elle sautillait, murmurait ; elle était noire, blanche, bleue, verte ; elle criait, elle foisonnait sous le balai de la portière, vieille femme édentée, faite aux orages, qui semblait les bénir et qui poussait dans la rue mille débris dont l'inventaire curieux révélait la vie et les habitudes de chaque locataire de la maison. C'était des découpures d'indienne, des feuilles de thé, des pétales de fleurs artificielles, décolorées, manquées ; des épluchures de légumes, des papiers, des fragments de métal. À chaque coup de balai, la vieille femme mettait à nu l'âme du ruisseau, cette fente noire, découpée en cases de damier, après laquelle s'acharnent les portiers. Le pauvre amant examinait ce tableau, l'un des milliers que le mouvant Paris offre chaque jour ; mais il l'examinait machinalement, en homme absorbé par ses pensées, lorsqu'en levant les yeux il se trouva nez à nez avec un homme qui venait d'entrer.

C'était, en apparence du moins, un mendiant, mais non pas le mendiant de Paris, création sans nom dans les langages humains ; non, cet homme formait un type nouveau frappé en dehors de toutes les idées réveillées par le mot de mendiant.

L'inconnu ne se distinguait point par ce caractère originalement parisien qui nous saisit assez souvent dans les malheureux que Charlet a représentés parfois, avec un rare bonheur d'observation : c'est de grossières figures roulées dans la boue, à la voix rauque, au nez rougi et bulbeux, à bouches dépourvues de dents, quoique menaçantes ; humbles et terribles, chez lesquelles l'intelligence profonde qui brille dans les yeux semble être un contresens. Quelques-uns de ces vagabonds effrontés ont le teint marbré, gercé, veiné ; le front couvert de rugosités ; les cheveux rares et sales, comme ceux d'une perruque jetée au coin d'une borne. Tous gais dans leur dégradation, et dégradés dans leurs joies, tous marqués du sceau de la débauche jettent leur silence comme un reproche ; leur attitude révèle d'effrayantes pensées.

Placés entre le crime et l'aumône, ils n'ont plus de remords, et tournent prudemment autour de l'échafaud sans y tomber, innocents au milieu du vice, et vicieux au milieu de leur innocence.

Ils font souvent sourire, mais font toujours penser. L'un vous présente la civilisation rabougrie, il comprend tout : l'honnête du bagne, la patrie, la vertu ; puis c'est la malice du crime vulgaire, et les finesses d'un forfait élégant. L'autre est résigné, mime profond, mais stupide.

Tous ont des velléités d'ordre et de travail, mais ils sont repoussés dans leur fange par une société qui ne veut pas s'enquérir de ce qu'il peut y avoir de poètes, de grands hommes, de gens intrépides et d'organisations magnifiques parmi les mendiants, ces bohémiens de Paris ; peuple souverainement bon et souverainement méchant, comme toutes les masses qui ont souffert ; habitué à supporter des maux inouïs, et qu'une fatale puissance maintient toujours au niveau de la boue. Ils ont tous un rêve, une espérance, un bonheur : le jeu, la loterie ou le vin. Il n'y avait rien de cette vie étrange dans le personnage collé fort insouciamment sur le mur, devant Monsieur de Maulincour, comme une fantaisie dessinée par un habile artiste derrière quelque toile retournée de son atelier. Cet homme long et sec, dont le visage plombé trahissait une pensée profonde et glaciale, séchait la pitié dans le coeur des curieux, par une attitude pleine d'ironie et par un regard noir qui annonçaient sa prétention de traiter d'égal à égal avec eux. Sa figure était d'un blanc sale, et son crâne ridé, dégarni de cheveux, avait une vague ressemblance avec un quartier de granit. Quelques mèches plates et grises, placées de chaque côté de sa tête,

descendaient sur le collet de son habit crasseux et boutonné jusqu'au cou. Il ressemblait tout à la fois à Voltaire et à Don Quichotte ; il était railleur et mélancolique, plein de mépris, de philosophie, mais à demi aliéné. Il paraissait ne pas avoir de chemise. Sa barbe était longue. Sa méchante cravate noire tout usée, déchirée, laissait voir un cou protubérant, fortement sillonné, composé de veines grosses comme des cordes.
Un large cercle brun, meurtri, se dessinait sous chacun de ses yeux. Il semblait avoir au moins soixante ans. Ses mains étaient blanches et propres. Il portait des bottes éculées et percées. Son pantalon bleu, raccommodé en plusieurs endroits, était blanchi par une espèce de duvet qui le rendait ignoble à voir. Soit que ses vêtements mouillés exhalassent une odeur fétide, soit qu'il eût à l'état normal cette senteur de misère qu'ont les taudis parisiens, de même que les bureaux, les sacristies et les hospices ont la leur, goût fétide et rance, dont rien ne saurait donner l'idée, les voisins de cet homme quittèrent leurs places et le laissèrent seul ; il jeta sur eux, puis reporta sur l'officier son regard calme et sans expression, le regard si célèbre de Monsieur de Talleyrand, coup d'oeil terne et sans chaleur, espèce de voile impénétrable sous lequel une âme forte cache de profondes émotions et les plus exacts calculs sur les hommes, les choses et les événements. Aucun pli de son visage ne se creusa. Sa bouche et son front furent impassibles ; mais ses yeux s'abaissèrent par un mouvement d'une lenteur noble et presque tragique. Il y eut enfin tout un draine dans le mouvement de ses paupières flétries.
L'aspect de cette figure stoïque fit naître chez Monsieur de Maulincour l'une de ces rêveries vagabondes qui commencent par une interrogation vulgaire et finissent par comprendre tout un monde de pensées. L'orage était passé. Monsieur de Maulincour n'aperçut plus de cet homme que le pan de sa redingote qui frôlait la borne ; mais, en quittant sa place pour s'en aller, il trouva sous ses pieds une lettre qui venait de tomber, et
devina qu'elle appartenait à l'inconnu, en lui voyant remettre dans sa poche un foulard dont il venait de se servir. L'officier, qui prit la lettre pour la lui rendre, en lut involontairement l'adresse :

À Mosieur,

Mosieur Ferrugusse,
Rue des Grans-Augustains, au coing de la rue Soly.

PARIS.

La lettre ne portait aucun timbre, et l'indication empêcha Monsieur de Maulincour de la restituer ; car il y a peu de passions qui ne deviennent improbes à la longue. Le baron eut un pressentiment de l'opportunité de cette trouvaille, et voulut, en gardant la lettre, se donner le droit d'entrer dans la maison mystérieuse pour y venir la rendre à cet homme, ne doutant pas qu'il ne demeurât dans la maison suspecte. Déjà des soupçons, vagues comme les premières lueurs du jour, lui faisaient établir des rapports entre cet homme et Madame Jules. Les amants jaloux supposent tout ; et c'est en supposant tout, en choisissant les conjectures les plus probables que les juges, les espions, les amants et les observateurs devinent la vérité qui les intéresse.

- Est-ce à lui la lettre ? est-elle de Madame Jules ? Mille questions ensemble lui furent jetées par son imagination inquiète ; mais aux premiers mots il sourit. Voici textuellement, dans la splendeur de sa phrase naïve, dans son orthographe ignoble, cette lettre, à laquelle il était impossible de rien ajouter, dont il ne fallait rien
retrancher, si ce n'est la lettre même, mais qu'il a été nécessaire de ponctuer en la donnant. Il n'existe dans l'original ni virgules, ni repos indiqué, ni même de points d'exclamation ; fait qui tendrait à détruire le système des points par lesquels les auteurs modernes ont essayé de peindre les grands désastres de toutes les passions.

“HENRY !

Dans le nombre des sacrifices que je m'étais imposée a votre égard se trouvait celui de ne plus vous donner de mes nouvelles, mais une voix irrésistible mordonne de vous faire connettre vos crimes en vers moi. Je sais d'avance que votre ame an durcie dans le vice ne daignera pas me pleindre. Votre coeur est sour à la censibilité. Ne l'ét-il pas aux cris de la nature, mais peu importe : je dois vous apprendre jusquà quelle poing vous

vous etes rendu coupable et l'orreur de la position où vous m'avez mis. Henry, vous saviez tout ce que j'ai souffert de ma promière faute et vous avez pu mé plonger dans le même Ynalheur et m'abendonner à mon desespoir et ma douleur. Oui, je la voue, la croyence que javoit d'être aimée et d'être estimée de vou m'avoit donné le couraje de suporter mon sort. Mais aujourd'hui que me reste-til ? ne m'avez vous pas fai perdre tout ce que j'avoit de plus cher, tout ce qui m'attachait à la vie : parans, amis, onneur, réputations, je vous ai tout sacrifiés et il ne me reste que l'oprobre, la honte et je le dis sans rougire, la misère.

Il ne manquai à mon malheur que la sertitude de votre mépris et de votre aine ; maintenant que je l'é, j'orai le couraje que mon projet exije.

Mon parti est pris et l'honneur de ma famille le commande : je vais donc mettre un terme à mes souffransses.

Ne faites aucune réflaictions sur mon projet, Henry. Il est affreux, je le sais, mais mon état m'y forsse. Sans secour, sans soutien, sans un utni pour me consoler, puije vivre ? non. Le sort en a désidé. Ainci dans deux jours, Henry, dans deux jours Ida ne cera plus digne de votre estime ; mais recevez le serment que je vous fais d'avoir ma conscience tranquille, puisque je n'ai jamais sésé d'être digne de votre amitié. O Henry, mon ami, car je ne changerai jamais pour vous, promettez-moi que vous me pardonnerez la carrier que je vait embrasser. Mon amour m'a donné du courage, il me soutiendra dans la vertu. Mon coeur d'ailleur plain de ton image cera pour moi un préservatife contre la séduction. N'oubliez jamais que mon surt est votre ouvrage, et jugez-vous. Puice le ciel ne pas vous punir de vos crimes, c'està genoux que je lui demende votre pardon, car je le sens, il ne me manquerai plus à mes maux que la douleur de vous savoir malheureux. Malgré le dénument où je me trouve, je refuserai tout èspec de secour de vous. Si vous m'aviez aimé, j'orai pu les recevoir comme venent de la mitié, mais un bienfait exité par la pitié, mon urne le repousse et je cerois plus lache en le resevent que celui qui me le proposerai. J'ai une grâce a vous demander. Je ne sais pas le temps que je dois rester chez Madame Meynardie, soyez assez généreux déviter di paroitre devent moi. Vos deux dernier visites mon fait un mal dont je me résentirai longtemps : je ne veux point entrer dans des détailles sur votre condhuite à ce sujet.

Vous me haisez, ce mot est gravé dans mon coeur et la glassé défroit. Hélas ! c'est au moment où j'ai besoin de tout mon courage que toutes mes facultés ma bandonnent, Henry, mon ami, avant que j'aie mis une barrier entre nous, donne moi une dernier preuve de ton estime : écris-moi, répons moi, dis moi que tu mestime encore quoique ne m'aimant plus. Malgré que mes yeux soit toujours dignes de rencontrer les vôtres, je ne solieite pas d'entrevue : je crains tout de ma faiblesse et de mon amour. Mais de grâce écrivez moi un mot de suite, il me donnera le courage dont j'ai besoin pour supporter mes adversités. Adieu l'oteur de tous mes maux, mais le seul ami que mon coeur ai choisi et qu'il n'oublira
jamais.

Ida."

Cette vie de jeune fille dont l'amour trompé, les joies funestes, les douleurs, la misère et l'épouvantable résignation étaient résumés en si peu de mots ; ce poème inconnu, mais essentiellement parisien, écrit dans cette lettre sale, agirent pendant un moment sur Monsieur de Maulincour, qui finit par se demander si cette Ida ne serait pas une parente de Madame Jules, et si le rendez-vous du soir, duquel il avait été fortuitement témoin, n'était pas nécessité par quelque tentative charitable. Que le vieux pauvre eût séduit Ida ?.., cette séduction tenait du prodige.

En se jouant dans le labyrinthe de ses réflexions qui se croisaient et se détruisaient l'une par l'autre, le baron arriva près de la rue Pagevin, et vit un fiacre arrêté dans le bout de la rue des Vieux-Augustins qui avoisine la rue Montmartre.

Tous les fiacres stationnés lui disaient quelque chose. - Y serait-elle ? pensa-t-il.

Et son coeur battait par un mouvement chaud et fiévreux. Il poussa la petite porte à grelot, mais en baissant la tête et en obéissant à une sorte de honte, car il entendait une voix secrète qui lui disait : - Pourquoi mets-tu le pied dans ce mystère ?

Il monta quelques marches, et se trouva nez à nez avec la vieille portière.

- Monsieur Ferragus ?

- Connais pas...

- Comment, Monsieur Ferragus ne demeure pas ici ?
- Nous n'avons pas ça dans la maison.
- Mais, ma bonne femme...
- Je ne suis pas une bonne femme, Monsieur, je suis concierge.
- Mais, Madame, reprit le baron, j'ai une lettre à remettre à Monsieur Ferragus.
- Ah ! si Monsieur a une lettre, dit-elle en changeant de ton, la chose est bien différente. Voulez-vous la faire voir, votre lettre ? Auguste montra la lettre pliée. La vieille hocha la tête d'un air de doute, hésita, sembla vouloir quitter sa loge pour aller instruire le mystérieux Ferragus de cet incident imprévu ; puis elle dit : - Eh bien ! montez, Monsieur. Vous devez savoir où c'est... Sans répondre à cette phrase, par laquelle cette vieille rusée pouvait lui tendre un piège, l'officier grimpa lestement les escaliers, et sonna vivement à la porte du second étage. Son instinct d'amant lui disait :
- Elle est là.
L'inconnu du porche, le Ferragus ou l'oteur des maux d'Ida, ouvrit lui-même. Il se montra vêtu d'une robe de chambre à fleurs, d'un pantalon de molleton blanc, les pieds chaussés dans de jolies pantoufles en tapisserie, et la tête débarbouillée.
Madame Jules, dont la tête dépassait le chambranle de la porte de la seconde pièce, pâlit et tomba sur une chaise.
- Qu'avez-vous, Madame ? s'écria l'officier en s'élançant vers elle.
Mais Ferragus étendit le bras et rejeta vivement l'officier en arrière par un mouvement si sec qu'Auguste crut avoir reçu dans la poitrine un coup de barre de fer.
- Arrière ! Monsieur, dit cet homme. Que nous voulez-vous ?
Vous rôdez dans le quartier depuis cinq à six jours. Seriez-vous un espion ?
- Êtes-vous Monsieur Ferragus ? dit le baron.
- Non, Monsieur.
- Néanmoins, reprit Auguste, je dois vous remettre ce papier, que vous avez perdu sous la porte de la maison où nous étions tous deux pendant la pluie.
En parlant et en tendant la lettre à cet homme, le baron ne put s'empêcher de jeter un coup d'oeil sur la pièce où le recevait Ferragus, il la trouva fort

bien décorée, quoique simplement. Il y avait du feu dans la cheminée ; tout auprès était une table servie plus somptueusement que ne le comportaient l'apparente situation de cet homme et la médiocrité de son loyer. Enfin, sur une causeuse de la seconde pièce, qu'il lui fut possible de voir, il aperçut un tas d'or, et entendit un bruit qui ne pouvait être produit que par des pleurs de femme.

- Ce papier m'appartient, je vous remercie, dit l'inconnu en se tournant de manière à l'aire comprendre au baron qu'il désirait le renvoyer aussitôt.

Trop curieux pour faire attention à l'examen profond dont il était l'objet, Auguste ne vit pas les regards à demi magnétiques par lesquels l'inconnu semblait vouloir le dévorer ; mais s'il eût rencontré cet oeil de basilic, il aurait compris le danger de sa position. Trop passionné pour penser à lui-même, Auguste salua, descendit, et retourna chez lui, en essayant de trouver un sens dans la réunion de ces trois personnes : Ida, Ferragus et Madame Jules ; occupation qui, moralement, équivalait à chercher l'arrangement des morceaux de bois biscornus du casse tête chinois, sans avoir la clef du jeu. Mais Madame Jules l'avait vu, Madame Jules venait là, Madame Jules lui avait menti. Maulincour se proposa d'aller rendre une visite à cette femme le lendemain, elle ne pouvait pas refuser de le voir, il s'était fait son complice, il avait les pieds et les mains dans cette ténébreuse intrigue. Il tranchait déjà du sultan, et pensait à demander impérieusement à Madame Jules de lui révéler tous ses secrets.

En ce temps-là, Paris avait la fièvre des constructions. Si Paris est un monstre, il est assurément le plus maniaque des monstres.

Il s'éprend de mille fantaisies : tantôt il bâtit comme un grand seigneur qui aime la truelle ; puis il laisse sa truelle et devient militaire ; il s'habille de la tête aux pieds en garde national, fait l'exercice et fume ; tout à coup, il abandonne les répétitions militaires et jette son
cigare ; puis il se désole, fait faillite, vend ses meubles sur la place du Châtelet, dépose son bilan ; mais quelques jours après, il arrange ses affaires, se met en fête et danse. Un jour il mange du sucre d'orge à pleines mains, à pleines lèvres ; hier il achetait du papier Weynen ; aujourd'hui le monstre a mal aux dents et s'applique un alexipharmaque sur toutes ses murailles ; demain il fera ses provisions de pâte pectorale. Il a ses manies pour le mois, pour la saison, pour l'année, comme ses manies d'un jour. En

ce moment donc, tout le monde bâtissait et démolissait quelque chose, on ne sait quoi encore. Il y avait très peu de rues qui ne vissent pas l'échafaudage à longues perches, garni de planches mises sur des traverses et fixées d'étages en étages dans des boulins ; construction frêle, ébranlée par les Limousins, mais assujettie par des cordages, toute blanche de plâtre, rarement garantie des atteintes d'une voiture par ce mur de planches, enceinte obligée des monuments qu'on ne bâtit pas. Il y a quelque chose de maritime dans ces mâts, dans ces échelles, dans ces cordages, dans les cris des maçons. Or, à douze pas de l'hôtel Maulincour, un de ces bâtiments éphémères était élevé devant une maison que l'on construisait en pierres de taille. Le lendemain, au moment où le baron de Maulincour passait en cabriolet devant cet échafaud, en allant chez Madame Jules, une pierre de deux pieds carrés, arrivée au sommet des perches, s'échappa de ses liens de corde en tournant sur elle même, et tomba sur le domestique, qu'elle écrasa derrière le cabriolet. Un cri d'épouvante lit trembler l'échafaudage et les maçons ; l'un d'eux, en danger de mort, se tenait avec peine aux longues perches et paraissait avoir été touché par la pierre.

La foule s'amassa promptement. Tous les maçons descendirent, criant, jurant et disant que le cabriolet de Monsieur de Maulincour avait causé un ébranlement à leur grue. Deux pouces de plus, et l'officier avait la tête coiffée par la pierre. Le valet était mort, la voiture était brisée. Ce fut un événement pour le quartier, les journaux le rapportèrent. Monsieur de Maulincour, sûr de n'avoir rien touché, se plaignit. La justice intervint. Enquête faite, il fut prouvé qu'un petit garçon, armé d'une latte, montait la garde et criait aux passants de s'éloigner. L'affaire en resta là. Monsieur de Maulincour en fut pour son domestique, pour sa terreur, et resta dans son lit pendant quelques jours ; car l'arrière-train du cabriolet en se brisant lui avait fait des contusions ; puis, la secousse nerveuse causée par la surprise lui donna la fièvre. Il n'alla pas chez Madame Jules. Dix jours après cet événement, et à sa première sortie, il se rendait au bois de Boulogne dans son cabriolet restauré, lorsqu'en descendant la rue de Bourgogne, à l'endroit où se trouve l'égout, en face la chambre des Députés, l'essieu se cassa net par le milieu, et le baron allait si rapidement que cette cassure eut pour effet de faire tendre les deux roues à se rejoindre assez violemment pour lui fracasser la tête ; mais il fut préservé de ce danger par la résistance qu'opposa la capote. Néanmoins il reçut une blessure grave au côté. Pour la seconde fois en dix jours il fut rapporté quasi mort chez la douairière éplorée. Ce second accident lui donna quelque défiance, et il pensa, mais vaguement, à Ferragus et à Madame Jules. Pour éclaircir ses soupçons, il garda l'essieu brisé dans sa chambre, et manda son carrossier.

Le carrossier vint, regarda l'essieu, la cassure, et prouva deux choses à Monsieur de Maulincour. D'abord l'essieu ne sortait pas de ses ateliers ; il n'en fournissait aucun qu'il n'y gravât grossièrement les initiales de son nom, et il ne pouvait pas expliquer par quels moyens cet essieu avait été substitué à l'autre ; puis la cassure de cet essieu suspect avait été ménagée par une chambre, espèce de creux intérieur, par des soufflures et par des pailles très habilement pratiquées.

- Eh ! Monsieur le baron, il a fallu être joliment malin, dit-il, pour arranger un essieu sur ce modèle, on jurerait que c'est naturel...

Monsieur de Maulincour pria son carrossier de ne rien dire de cette aventure, et se tint pour dûment averti. Ces deux tentatives d'assassinat étaient ourdies avec une adresse qui dénotait l'inimitié de gens supérieurs.

- C'est une guerre à mort, se dit-il en s'agitant dans son lit, une guerre de sauvage, une guerre de surprise, d'embuscade, de traîtrise, déclarée au nom de Madame Jules. À quel homme appartient-elle donc ? De quel pouvoir dispose donc ce Ferragus ?

Enfin Monsieur de Maulincour, quoique brave et militaire, ne put s'empêcher de frémir. Au milieu de toutes les pensées qui l'assaillirent, il y en eut une contre laquelle il se trouva sans défense et sans courage : le poison ne serait-il pas bientôt employé par ses ennemis secrets ? Aussitôt, dominé par des craintes que sa faiblesse momentanée, que la diète et la fièvre augmentaient encore, il fit venir une vieille femme attachée depuis longtemps à sa grand-mère, une femme qui avait pour lui un de ces sentiments à demi maternels, le sublime du commun.

Sans s'ouvrir entièrement à elle, il la chargea d'acheter secrètement, et chaque jour, en des endroits différents, les aliments qui lui étaient nécessaires, en lui recommandant de les mettre sous clef, et de les lui apporter elle-même, sans permettre à qui que ce fût de s'en approcher quand elle les lui servirait.

Enfin il prit les précautions les plus minutieuses pour se garantir de ce genre de mort. Il se trouvait au lit, seul, malade ; il pouvait donc penser à loisir à sa propre défense, le seul besoin assez clairvoyant pour permettre à l'égoïsme humain de ne rien oublier. Mais le malheureux malade avait empoisonné sa vie par la crainte ; et, malgré lui, le soupçon teignit toutes les heures de ses sombres nuances. Cependant ces deux leçons d'assassinat lui apprirent une des vertus les plus nécessaires aux hommes politiques, il comprit la haute dissimulation dont il faut user dans le jeu des grands intérêts de la vie. Taire son secret n'est rien ; mais se taire à l'avance, mais savoir oublier un fait pendant trente ans, s'il le faut, à la manière d'Ali-Pacha, pour assurer une vengeance méditée pendant trente ans, est une belle étude en un pays où il y a peu d'hommes qui sachent dissimuler pendant trente jours. Monsieur de Maulincour ne vivait plus que par Madame Jules. Il était perpétuellement occupé à examiner sérieusement les moyens qu'il pouvait employer dans cette lutte inconnue pour triompher d'adversaires inconnus. Sa passion anonyme pour cette femme grandissait de tous ces obstacles.

Madame Jules était toujours debout, au milieu de ses pensées et de son coeur, plus attrayante alors par ses
vices présumés que par les vertus certaines qui en avaient fait pour lui son idole.

Le malade, voulant reconnaître les positions de l'ennemi, crut pouvoir sans danger initier le vieux vidame aux secrets de la situation. Le commandeur aimait Auguste comme un père aime les enfants de sa femme ; il était fin, adroit, il avait un esprit diplomatique. il vint donc écouter le baron, hocha la tête, et tous deux tinrent conseil. Le bon vidame ne partagea pas la confiance de son jeune ami, quand Auguste lui dit qu'au temps où ils vivaient, la police et le pouvoir étaient à même de connaître tous les mystères, et que, s'il fallait absolument y recourir, il trouverait en eux de puissants auxiliaires.

Le vieillard lui répondit gravement : - La policc, mon cher enfant, est ce qu'il y a de plus inhabile au monde, et le pouvoir ce qu'il y a de plus faible dans les questions individuelles. Ni la police, ni le pouvoir ne savent lire au fond des coeurs. Ce qu'on doit raisonnablement leur demander, c'est de rechercher les causes d'un fait. Or, le pouvoir et la police sont éminemment impropres à ce métier ; ils manquent essentiellement de cet intérêt

personnel qui révèle tout à celui qui a besoin de tout savoir.
Aucune puissance humaine ne peut empêcher un assassin ou un empoisonneur d'arriver soit au coeur d'un prince soit à l'estomac d'un honnête homme. Les passions font toute la police.
Le commandeur conseilla fortement au baron de s'en aller en Italie, d'Italie en Grèce, de Grèce en Syrie, de Syrie en Asie, et de ne revenir qu'après avoir convaincu
ses ennemis secrets de son repentir, et de faire ainsi tacitement sa paix avec eux ; sinon, de rester dans son hôtel, et même dans sa chambre, où il pouvait se garantir des atteintes de ce Ferragus, et n'en sortir que pour l'écraser en toute sûreté.
- Il ne faut toucher à son ennemi que pour lui abattre la tête, lui dit-il gravement.
Néanmoins, le vieillard promit à son favori d'employer tout ce que le ciel lui avait départi d'astuce pour, sans compromettre personne, pousser des reconnaissances chez l'ennemi, en rendre bon compte, et préparer la victoire. Le commandeur avait un vieux Figaro retiré, le plus malin singe qui jamais eût pris figure humaine, jadis spirituel comme un diable, faisant tout de son corps comme un forçat, alerte comme un voleur, fin comme une femme, mais tombé dans la décadence du génie, faute d'occasions, depuis la nouvelle constitution de la société parisienne, qui a mis en réforme les valets de comédie. Ce Scapin émérite était attaché à son maître comme à un être supérieur ; mais le rusé vidame ajoutait chaque année aux gages de son ancien prévôt de galanterie une assez forte somme, attention qui en corroborait l'amitié naturelle par les liens de l'intérêt, et valait au vieillard des soins que la maîtresse la plus aimante n'eût pas inventés pour son ami malade. Ce fut cette perle des vieux valets de théâtre, débris du dernier siècle, ministre incorruptible, faute de passions à satisfaire, auquel se fièrent le commandeur et Monsieur de Maulincour.
- Monsieur le baron gâterait tout, dit ce grand homme en livrée appelé au conseil.
Que Monsieur mange, boive et dorme tranquillement. Je prends tout sur moi.
En effet, huit jours après la conférence, au moment où Monsieur de Maulincour, parfaitement remis de son indisposition, déjeunait avec sa

grand-mère et le vidame, Justin entra pour faire son rapport. Puis, avec cette fausse modestie qu'affectent les gens de talent, il dit, lorsque la douairière fut rentrée dans ses appartements : - Ferragus n'est pas le nom de l'ennemi qui poursuit Monsieur le baron. Cet homme, ce diable s'appelle Gratien, Henri, Victor, Jean-Joseph Bourignard. Le sieur Gratien Bourignard est un ancien entrepreneur de bâtiments, jadis fort riche, et surtout l'un des plus jolis garçons de Paris, un Lovelace capable de séduire Grandisson. Ici s'arrêtent mes renseignements. Il a été simple ouvrier, et les Compagnons de l'Ordre des Dévorants l'ont, dans le temps, élu pour chef, sous le nom de Ferragus XXIII. La police devrait savoir cela, si la police était instituée pour savoir quelque chose. Cet homme a déménagé, ne demeure plus rue des Vieux-Augustins, et perche maintenant rue Joquelet, Madame Jules Desmarets va le voir souvent ; assez souvent son mari, en allant à la Bourse, la mène rue Vivienne, ou elle mène son mari à la Bourse. Monsieur le vidame connaît trop bien ces choses-là pour exiger que je lui dise si c'est le mari qui mène sa femme ou la femme qui mène son mari ; mais Madame Jules est si jolie que je parierais pour elle. Tout cela est du dernier positif. Mon Bourignard joue souvent au numéro 129. C'est, sauf votre respect, Monsieur, un farceur qui aime les femmes, et qui vous a ses petites allures comme un homme de condition.
Du reste, il gagne souvent, se déguise comme un acteur, se grime comme il veut, et vous a la vie la plus originale du monde. Je ne doute pas qu'il n'ait plusieurs domiciles, car, la plupart du temps, il échappe à ce que Monsieur le commandeur nomme les investigations parlementaires.
Si Monsieur le désire, on peut néanmoins s'en défaire honorablement, eu égard à ses habitudes. Il est toujours facile de se débarrasser d'un homme qui aime les femmes. Néanmoins, ce capitaliste parle de déménager encore. Maintenant, Monsieur le vidame et Monsieur le baron ont-ils quelque chose à me commander ?
- Justin, je suis content de toi, ne va pas plus loin sans ordre ; mais veille ici à tout, de manière que Monsieur le baron n'ait rien à craindre. Mon cher enfant, reprit le vidame, reprends ta vie et oublie Madame Jules.
- Non, non, dit Auguste, je ne céderai pas la place à Gratien Bourignard, je veux l'avoir pieds et poings liés, et Madame Jules aussi.
Le soir, le baron Auguste de Maulincour, récemment promu à un grade

supérieur dans une compagnie des Gardes-du-corps, alla au bal, à l'Élysée-Bourbon, chez Madame la duchesse de Berry. Là, certes, il ne pouvait y avoir aucun danger à redouter pour lui. Le baron de Maulincour en sortit néanmoins avec une affaire d'honneur à vider, une affaire qu'il était impossible d'arranger. Son adversaire, le marquis de Ronquerolles, avait les plus fortes raisons de se plaindre d'Auguste, et Auguste y avait donné lieu par son ancienne liaison avec la soeur de Monsieur de Ronquerolles, la comtesse de Sérizy.

Cette dame, qui n'aimait pas la sensiblerie allemande, n'en était que plus exigeante dans les moindres détails de son costume de prude. Par une de ces fatalités inexplicables, Auguste fit une innocente plaisanterie que Madame de Sérizy prit fort mal, et de laquelle son frère s'offensa. L'explication eut lieu dans un coin, à voix basse. En gens de bonne compagnie, les deux adversaires ne firent point de bruit. Le lendemain seulement, la société du faubourg Saint-Honoré, du faubourg Saint-Germain, et le château, s'entretinrent de cette aventure. Madame de Sérizy fut chaudement défendue, et l'on donna tous les torts à Maulincour. D'augustes personnages intervinrent. Des témoins de la plus haute distinction furent imposés à messieurs de Maulincour et de Ronquerolles, et toutes les précautions furent prises sur le terrain pour qu'il n'y eût personne de tué. Quand Auguste se trouva devant son adversaire, homme de plaisir, auquel personne ne refusait des sentiments d'honneur, il ne put voir en lui l'instrument de Ferragus, chef des Dévorants, mais il eut une secrète envie d'obéir à d'inexplicables pressentiments en questionnant le marquis.

- Messieurs, dit-il aux témoins, je ne refuse certes pas d'essuyer le feu de Monsieur de Ronquerolles ; mais, auparavant, je déclare que j'ai eu tort, je lui fais les excuses qu'il exigera de moi, publiquement même s'il le désire, parce que, quand il s'agit d'une femme, rien ne saurait, je crois, déshonorer un galant homme. J'en appelle donc à sa raison et à sa générosité, n'y a-t-il pas un peu de niaiserie à se battre quand le bon droit peut succomber ?...

Monsieur de Ronquerolles n'admit pas cette façon de finir l'affaire, et alors le baron, devenu plus soupçonneux, s'approcha de son adversaire.

- Eh bien, Monsieur le marquis, lui dit-il, engagez-moi, devant ces messieurs, votre loi de gentilhomme de n'apporter dans cette rencontre

aucune raison de vengeance autre que celle dont il s'agit publiquement.
- Monsieur, ce n'est pas une question à me faire.
Et Monsieur de Ronquerolles alla se mettre à sa place. Il était convenu, par avance, que les deux adversaires se contenteraient d'échanger un coup de pistolet. Monsieur de Ronquerolles, malgré la distance déterminée qui semblait devoir rendre la mort de Monsieur de Maulincour très problématique, pour ne pas dire impossible, fit tomber le baron. La balle lui traversa les côtes, à deux doigts au-dessous du coeur, mais heureusement sans de fortes lésions.
- Vous visez trop bien, Monsieur, dit l'officier aux Gardes, pour avoir voulu venger des passions mortes.
Monsieur de Ronquerolles crut Auguste mort, et ne put retenir un sourire sardonique en entendant ces paroles.
- La soeur de Jules césar, Monsieur, ne doit pas être soupçonnée.
- Toujours Madame Jules, répondit Auguste.
il s'évanouit, sans pouvoir achever une mordante plaisanterie qui expira sur ses lèvres ; mais, quoiqu'il perdît beaucoup de sang, sa blessure n'était pas dangereuse. Après une quinzaine de jours pendant lesquels la douairière et le vidame lui prodiguèrent ces soins de vicillard, soins dont une longue expérience de la vie donne seule le secret, un matin sa grand-mère lui porta de rudes coups.
Elle lui révéla les mortelles inquiétudes auxquelles étaient livrés ses vieux, ses derniers jours. Elle avait reçu une lettre signée d'un F, dans laquelle l'histoire de l'espionnage auquel s'était abaissé son petit-fils lui était, de point en point, racontée. Dans cette lettre, des actions indignes d'un honnête homme étaient reprochées à Monsieur de Maulincour. Il avait, disait-on, mis une vieille femme rue de Ménars, sur la place de fiacres qui s'y trouve, vieille espionne occupée en apparence à vendre aux cochers l'eau de ses tonneaux, mais en réalité chargée d'épier les démarches de Madame Jules Desmarets. Il avait espionné l'homme le plus inoffensif du monde pour en pénétrer tous les secrets, quand, de ces secrets, dépendait la vie ou la mort de trois personnes. Lui seul avait voulu la lutte impitoyable dans laquelle, déjà blessé trois fois, il succomberait inévitablement, parce que sa mort avait été jurée, et serait sollicitée par tous les moyens humains. Monsieur de Maulincour ne pourrait même plus éviter son sort en

promettant de respecter la vie mystérieuse de ces trois personnes, parce qu'il était impossible de croire à la parole d'un gentilhomme capable de tomber aussi bas que des agents de police ; et pourquoi, pour troubler, sans raison, la vie d'une femme innocente et d'un vieillard respectable. La lettre ne fut rien pour Auguste, en comparaison des tendres reproches que lui fit essuyer la baronne de Maulincour.

Manquer de respect et de confiance envers une femme, l'espionner sans en avoir le droit ! Et devait-on espionner la femme dont on est aimé ?

Ce fut un torrent de ces excellentes raisons qui ne prouvent jamais rien, et qui mirent, pour la première fois de sa vie, le jeune baron dans une des grandes colères humaines où germent, d'où sortent les actions les plus capitales de la vie.

- Puisque ce duel est un duel à mort, dit-il en forme de conclusion, je dois tuer mon ennemi par tous les moyens que je puis avoir à ma disposition.

Aussitôt le commandeur alla trouver, de la part de Monsieur de Maulincour, le chef de la police particulière de Paris, et, sans mêler ni le nom ni la personne de Madame Jules au récit de cette aventure, quoiqu'elle en fût le noeud secret, il lui fit part des craintes que donnait à la famille de Maulincour le personnage inconnu assez osé pour jurer la perte d'un officier aux Gardes, en face des lois et de la police. L'homme de la police leva de surprise ses lunettes vertes, se moucha plusieurs fois, et offrit du tabac au vidame, qui, par dignité, prétendait ne pas user de tabac, quoiqu'il en eût le nez barbouillé. Puis le sous-chef prit ses notes, et promit que, Vidocq et ses limiers aidant, il rendrait sous peu de jours bon compte à la famille Maulincour de cet ennemi, disant qu'il n'y avait pas de mystères pour la police de Paris. Quelques jours après, le chef vint voir Monsieur le vidame à l'hôtel de Maulincour, et trouva le jeune baron parfaitement remis de sa dernière blessure. Alors, il leur fit en style administratif ses remerciements des indications qu'ils avaient eu la bonté de lui donner, en lui apprenant que ce Bourignard était un homme condamné à vingt ans de travaux forcés, mais miraculeusement échappé pendant le transport de la chaîne de Bicêtre à Toulon.

Depuis treize ans, la police avait infructueusement essayé de le reprendre, après avoir su qu'il était venu fort insouciamment habiter Paris, où il avait évité les recherches les plus actives, quoiqu'il fût constamment mêlé à beaucoup d'intrigues ténébreuses. Bref, cet homme, dont la vie offrait les particularités les plus curieuses, allait être certainement saisi à l'un de ses domiciles, et livré à la justice. Le bureaucrate termina son rapport officieux en disant à Monsieur de Maulincour que s'il attachait assez d'importance à cette affaire pour être témoin de la capture de Bourignard, il pouvait venir le lendemain, à huit heures du matin, rue Sainte-Foi, dans une maison dont il lui donna le numéro. Monsieur de Maulincour se dispensa d'aller chercher cette certitude, s'en fiant, avec le saint respect que la police inspire à Paris, sur la diligence de l'administration. Trois jours après, n'ayant rien lu dans le journal sur cette arrestation, qui cependant devait fournir matière à quelque article curieux, Monsieur de Maulincour conçut des inquiétudes, que dissipa la lettre suivante :

“Monsieur le baron,
J'ai l'honneur de vous annoncer que vous ne devez plus conserver aucune crainte touchant l'affaire dont il est question.
Le nommé Gratien Bourignard, dit Ferragus, est décédé hier, en son domicile, rue Joquelet, n"7. Les soupçons que nous devions concevoir sur son identité ont pleinement été détruits par les faits.
Le médecin de la Préfecture de police a été par nous adjoint à celui de la mairie, et le chef de la police de sûreté a fait toutes les vérifications nécessaires pour parvenir à une pleine certitude. D'ailleurs, la moralité des témoins qui ont signé l'acte de décès, et les attestations de ceux qui ont soigné le dit Bourignard dans ses derniers moments, entre autres celle du respectable vicaire de l'église Bonne-Nouvelle, auquel il a fait ses aveux, au tribunal de la pénitence, car il est mort en chrétien, ne nous ont pas permis de conserver les moindres doutes.
Agréez, Monsieur le baron”, etc.

Monsieur de Maulincour, la douairière et le vidame respirèrent avec un plaisir indicible. La bonne femme embrassa son petit-fils, en laissant échapper une larme, et le quitta pour remercier Dieu par une prière. La chère douairière, qui faisait une neuvaine pour le salut d'Auguste, se crut exaucée.
- Eh bien, dit le commandeur, tu peux maintenant te rendre au bal dont tu

mc parlais, je n'ai plus d'objections à t'opposer.

Monsieur de Maulincour fut d'autant plus empressé d'aller à ce bal, que Madame Jules devait s'y trouver. Cette fête était donnée par le préfet de la Seine, chez lequel les deux sociétés de Paris se rencontraient comme sur un terrain neutre. Auguste parcourut les salons sans voir la femme qui exerçait sur sa vie une si grande influence. Il entra dans un boudoir encore désert, où des tables de jeu attendaient les joueurs, et il s'assit sur un divan, livré aux pensées les plus contradictoires sur Madame Jules.

Un homme prit alors le jeune officier par le bras, et le baron resta stupéfait en voyant le pauvre de la rue Coquillière, le Ferragus d'Ida, l'habitant de la rue Soly, le Bourignard de Justin, le forçat de la police, le mort de la veille.

- Monsieur, pas un cri, pas un mot, lui dit Bourignard dont il reconnut la voix, mais qui certes eût semblé méconnaissable à tout autre. Il était mis élégamment, portait les insignes de l'ordre de la Toison-d'or et une plaque à son habit. - Monsieur, reprit-il d'une voix qui sifflait comme celle d'une hyène, vous autorisez toutes mes tentatives en mettant de votre côté la police.

Vous périrez, Monsieur. Il le faut. Aimez-vous Madame Jules ?

Étiez-vous aimé d'elle ? de quel droit vouliez-vous troubler son repos, noircir sa vertu ?

Quelqu'un survint. Ferragus se leva pour sortir.

- Connaissez-vous cet homme ? demanda Monsieur de Maulincour en saisissant Ferragus au collet. Mais Ferragus se dégagea lestement, prit Monsieur de Maulincour par les cheveux, et lui secoua railleusement la tête à plusieurs reprises. - Faut-il donc absolument du plomb pour la rendre sage ? dit-il.

- Non pas personnellement, Monsieur, répondit de Marsay, le témoin de cette scène ; mais je sais que Monsieur est Monsieur de Funcal, Portugais fort riche.

Monsieur de Funcal avait disparu. Le baron se mit à sa poursuite sans pouvoir le rejoindre, et quand il arriva sous le péristyle, il vit, dans un brillant équipage, Ferragus qui ricanait en le regardant, et partait au grand trot.

- Monsieur, de grâce, dit Auguste en rentrant dans le salon et en s'adressant à de Marsay qui se trouvait être de sa connaissance, où Monsieur de Funcal demeure-t-il ?

- Je l'ignore, mais on vous le dira sans doute ici.

Le baron, ayant questionné le préfet, apprit que le comte de Funcal demeurait à l'ambassade de Portugal. En ce moment où il croyait encore sentir les doigts glacés de Ferragus dans ses cheveux, il vit Madame Jules dans tout l'éclat de sa beauté, fraîche, gracieuse, naïve, resplendissant de cette sainteté féminine dont il s'était épris. Cette créature, infernale pour lui, n'excitait plus chez Auguste que de la haine, et cette haine déborda sanglante, terrible dans ses regards ; il épia le moment de lui parler sans être entendu de personne, et lui dit :

- Madame, voici déjà trois fois que vos bravi me manquent...

- Que voulez-vous dire, Monsieur ? répondit-elle en rougissant. Je sais qu'il vous est arrivé plusieurs accidents fâcheux, auxquels j'ai pris beaucoup de part ; mais comment puis-je y être pour quelque chose ?

- Vous savez donc qu'il y a des bravi dirigés contre moi par l'homme de la rue Soly ?

- Monsieur !

- Madame, maintenant je ne serai pas seul à vous demander compte, non pas de mon bonheur, mais de mon sang...

En ce moment, Jules Desmarets s'approcha.

- Que dites-vous donc à ma femme, Monsieur ?

- Venez vous en enquérir chez moi, si vous en êtes curieux, Monsieur.

Et Maulincour sortit, laissant Madame Jules pâle et presque en défaillance.

III

LA FEMME ACCUSÉE

Il est bien peu de femmes qui ne se soient trouvées, une fois dans leur vie, à propos d'un fait incontestable, en face d'une interrogation précise, aiguë, tranchante, une de ces questions impitoyablement faites par leurs maris, et dont la seule appréhension donne un léger froid, dont le premier mot entre dans le coeur comme y entrerait l'acier d'un poignard. De là cet axiome : Toute femme ment. Mensonge officieux, mensonge véniel, mensonge sublime, mensonge horrible ; mais obligation de mentir. Puis, cette obligation admise, ne faut-il pas savoir bien mentir ? Les femmes mentent admirablement en France.

Nos moeurs leur apprennent si bien l'imposture ! Enfin, la femme est si naïvement impertinente, si jolie, si gracieuse, si vraie dans le mensonge ; elle en reconnaît si bien l'utilité pour éviter, dans la vie sociale, les chocs violents auxquels le bonheur ne résisterait pas, qu'il leur est nécessaire comme la ouate où elles mettent leurs bijoux. Le mensonge devient donc pour elles le fond de la langue, et la vérité n'est plus qu'une exception ; elles la disent, comme elles sont vertueuses, par caprice ou par spéculation. Puis, selon leur caractère, certaines femmes rient en mentant ; celles-ci pleurent, celles-là deviennent graves ; quelques-unes se fâchent. Après avoir commencé dans la vie par feindre de l'insensibilité pour les hommages qui les flattaient le plus, elles finissent souvent par se mentir à elles-mêmes. Qui n'a pas admiré leur apparence de supériorité au moment où elles tremblent pour les mystérieux trésors de leur amour ?

Qui n'a pas étudié leur aisance, leur facilité, leur liberté d'esprit dans les plus grands embarras de la vie ? chez elles, rien d'emprunté : la tromperie coule alors comme la neige tombe du ciel. Puis, avec quel art elles découvrent le vrai dans autrui ! Avec quelle finesse elles emploient la plus droite logique, à propos de la question passionnée qui leur livre toujours quelque secret de coeur chez un homme assez naïf pour procéder près d'elles par interrogation ! Questionner une femme, n'est-ce pas se livrer à elle ? n'apprendra-t-elle pas tout ce qu'on veut lui cacher, et ne saura-t-elle pas se taire en parlant ? Et quelques hommes ont la prétention de lutter avec la femme de Paris ! avec une femme qui sait se mettre au-dessus des coups de poignard, en disant :

- Vous êtes bien curieux ! que vous importe ? Pourquoi voulez-vous le savoir ? Ah ! vous êtes jaloux ! Et si je ne voulais pas vous répondre ? enfin, avec une femme qui possède cent trente-sept mille manières de dire NON, et d'incommensurables variations pour dire OUI. Le traité du non et du oui n'est-il pas une des plus belles oeuvres diplomatiques, philosophiques, logographiques et morales qui nous restent à faire ? Mais pour accomplir cette oeuvre diabolique, ne faudrait-il pas un génie androgyne ?

Aussi, ne sera-t-elle jamais tentée. Puis, de tous les ouvrages inédits, celui-là n'est-il pas le plus connu, le mieux pratiqué par les femmes ? Avez-vous jamais étudié l'allure, la pose, la désinvolture d'un mensonge ? Examinez. Madame Desmarets était assise dans le coin droit de sa voiture, et son mari dans le coin gauche.

Ayant su se remettre de son émotion en sortant du bal, Madame Jules affectait une contenance calme. Son mari ne lui avait rien dit, et ne lui disait rien encore. Jules regardait par la portière les pans noirs des maisons silencieuses devant lesquelles il passait ; mais tout à coup, comme poussé par une pensée déterminante, en tournant un coin de rue, il examina sa femme, qui semblait avoir froid, malgré la pelisse doublée de fourrure dans laquelle elle était enveloppée ; il lui trouva un air pensif, et peut-être était-elle réellement pensive. De toutes les choses qui se communiquent, la réflexion et la gravité sont les plus contagieuses.

- Qu'est-ce que Monsieur de Maulincour a donc pu te dire pour t'affecter si vivement, demanda Jules, et que veut-il donc que j'aille apprendre chez lui ?

- Mais il ne pourra rien te dire chez lui que je ne te dise maintenant, répondit-elle.

Puis, avec cette finesse féminine qui déshonore toujours un peu la vertu, Madame Jules attendit une autre question. Le mari retourna la tête vers les maisons et continua ses études sur les portes cochères. Une interrogation de plus n'était-elle pas un soupçon, une défiance ? Soupçonner une femme est un crime en amour. Jules avait déjà tué un homme sans avoir douté de sa femme, Clémence ne savait pas tout ce qu'il y avait de passion vraie, de réflexions profondes dans le silence de son mari, de même que Jules ignorait le drame admirable qui serrait le coeur de sa Clémence. Et la voiture d'aller dans Paris silencieux, emportant deux époux, deux amants qui s'idolâtraient, et qui, doucement appuyés, réunis sur des coussins de soie, étaient néanmoins séparés par un abîme.

Dans ces élégants coupés qui reviennent du bal, entre minuit et deux heures du matin, combien de scènes bizarres ne se passe-t-il pas, en s'en tenant aux coupés dont les lanternes éclairent et la rue et la voiture, ceux dont les glaces sont claires, enfin les coupés de l'amour légitime où les couples peuvent se quereller sans avoir peur d'être vus par les passants, parce que l'État civil donne le droit de bouder, de battre, d'embrasser une femme en voiture et ailleurs, partout ! Aussi combien de secrets ne se révèle-t-il pas aux fantassins nocturnes, à ces jeunes gens venus au bal en voiture, mais obligés, par quelque cause que ce soit, de s'en aller à pied !

C'était la première fois que Jules et Clémence se trouvaient ainsi chacun dans leur coin. Le mari se pressait ordinairement près de sa femme.

- Il fait bien froid, dit Madame Jules.

Mais ce mari n'entendit point, il étudiait toutes les enseignes noires au-dessus des boutiques.

- Clémence, dit-il enfin, pardonne-moi la question que je vais t'adresser.

Et il se rapprocha, la saisit par la taille, et la ramena près de lui.

- Mon Dieu, nous y voici ! pensa la pauvre femme.

- Eh bien, reprit-elle en allant au-devant de la question, tu veux apprendre ce que me disait Monsieur de Maulincour. Je te le dirai, Jules ; mais ce ne sera point sans terreur. Mon Dieu, pouvons-nous avoir des secrets l'un pour l'autre ? Depuis un moment, je te vois luttant entre la conscience de notre amour et des craintes vagues ; mais notre conscience n'est-elle pas claire, et tes soupçons ne te semblent-ils pas bien ténébreux ?

Pourquoi ne pas rester dans la clarté qui te plaît ? Quand je t'aurai tout raconté, tu désireras en savoir davantage ; et cependant, je ne sais moi-même ce que cachent les étranges paroles de cet homme. Eh bien, peut-être y aura-t-il alors entre vous deux quelque fatale affaire. J'aimerais bien mieux que nous oubliassions tous deux ce mauvais moment. Mais, dans tous les cas, jure-moi d'attendre que cette singulière aventure s'explique naturellement. Monsieur de Maulincour m'a déclaré que les trois accidents dont tu as entendu parler : la pierre tombée sur son domestique, sa chute en cabriolet et son duel à propos de Madame de Sérizy étaient l'effet d'une conjuration que j'avais tramée contre lui. Puis, il m'a menacée de t'expliquer l'intérêt qui me porterait à l'assassiner, comprends-tu quelque chose à tout cela ? Mon trouble est venu de l'impression que m'ont causée la vue de sa figure empreinte de folie, ses yeux hagards et ses paroles violemment entrecoupées par une émotion intérieure. Je l'ai cru fou. Voilà tout. Maintenant, je ne serais pas femme si je ne m'étais point aperçue que, depuis un an, je suis devenue, comme on dit, la passion de Monsieur de Maulincour.

Il ne m'a jamais vue qu'au bal, et ses propos étaient insignifiants, comme tous ceux que l'on tient au bal. Peut-être veut-il nous désunir pour me trouver un jour seule et sans défense. Tu vois bien ? Déjà tes sourcils se froncent. Oh ! je hais cordialement le monde. Nous sommes si heureux sans lui ! pourquoi donc l'aller chercher ? Jules, je t'en supplie, promets-moi d'oublier tout ceci.

Demain nous apprendrons sans doute que Monsieur de Maulincour est devenu fou.

- Quelle singulière chose ! se dit Jules en descendant de voiture sous le péristyle de son escalier.

Il tendit les bras à sa femme, et tous deux montèrent dans leurs appartements.

Pour développer cette histoire dans toute la vérité de ses détails, pour en suivre le cours dans toutes ses sinuosités, il faut ici divulguer quelques secrets de l'amour, se glisser sous les lambris d'une chambre à coucher, non pas effrontément, mais à la manière de Trilby, n'effaroucher ni Dougal, ni Jeannie, n'effaroucher personne, être aussi chaste que veut l'être notre noble langue française, aussi hardi que l'a été le pinceau de Gérard dans son tableau de Daphnis et Chloé. La chambre à coucher de Madame Jules était un lieu sacré. Elle, son mari, sa femme de chambre pouvaient seuls y entrer. L'opulence a de beaux privilèges, et les plus enviables sont ceux qui permettent de développer les sentiments dans toute leur étendue, de les féconder par l'accomplissement de leurs mille caprices, de les environner

de cet éclat qui les agrandit, de ces recherches qui les purifient, de ces délicatesses qui les rendent encore plus attrayants. Si vous haïssez les dîners sur l'herbe et les repas mal servis, si vous éprouvez quelque plaisir à voir une nappe damassée éblouissante de blancheur, un couvert de vermeil, des porcelaines d'une exquise pureté, une table bordée d'or, riche de ciselure, éclairée par des bougies diaphanes, puis, sous des globes d'argent armoriés, les miracles de la cuisine la plus recherchée ; pour être conséquent, vous devez alors laisser la mansarde en haut des maisons, les grisettes dans la rue ; abandonner les mansardes, les grisettes, les parapluies, les socques
articulés aux gens qui payent leur dîner avec des cachets ; puis, vous devez comprendre l'amour comme un principe qui ne se développe dans toute sa grâce que sur les tapis de la Savonnerie, sous la lueur d'opale d'une lampe marmorine, entre des murailles discrètes et revêtues de soie, devant un foyer doré, dans une chambre sourde au bruit des voisins, de la rue, de tout, par des persiennes, par des volets, par d'ondoyants rideaux. Il vous faut des glaces dans lesquelles les formes se jouent, et qui répètent à l'infini la femme que l'on voudrait multiple, et que l'amour multiplie souvent ; puis des divans bien bas ; puis un lit qui, semblable à un secret, se laisse deviner sans être montré ; puis, dans cette chambre coquette, des fourrures pour les pieds nus, des bougies sous verre au milieu de mousselines drapées, pour lire à toute heure de nuit, et des fleurs qui n'entêtent pas, et des toiles dont la finesse eût satisfait Anne d'Autriche. Madame Jules avait réalisé ce délicieux programme, mais ce n'était rien. Toute femme de goût pouvait en faire autant, quoique, néanmoins, il y ait dans l'arrangement de ces choses un cachet de personnalité qui donne à tel ornement, à tel détail, un caractère inimitable.

Aujourd'hui plus que jamais règne le fanatisme de l'individualité. Plus nos lois tendront à une impossible égalité, plus nous nous en écarterons par les moeurs. Aussi les personnes riches commencent-elles, en France, à devenir plus exclusives dans leurs goûts et dans les choses qui leur appartiennent, qu'elles ne l'ont été depuis trente ans. Madame Jules savait à quoi l'engageait ce programme, et avait tout mis chez elle en harmonie avec un luxe qui allait si bien à l'amour.

Les Quinze cents francs et ma Sophie, ou la passion dans la chaumière, sont des propos d'affamés auxquels le pain bis suffit d'abord, mais qui, devenus gourmets s'ils aiment réellement, finissent par regretter les richesses de la gastronomie. L'amour a le travail et la misère en horreur. Il aime mieux mourir que de vivoter. La plupart des femmes, en rentrant du bal, impatientes de se coucher, jettent autour d'elles leurs robes, leurs fleurs fanées, leurs bouquets dont l'odeur s'est flétrie. Elles laissent leurs petits souliers sous un fauteuil, marchent sur les cothurnes flottants, ôtent leurs peignes, déroulent leurs tresses sans soin d'elles-mêmes. Peu leur importe que leurs maris voient les agrafes, les doubles épingles, les artificieux crochets qui soutenaient les élégants édifices de la coiffure ou de la parure. Plus de mystères, tout tombe alors devant le mari, plus de fard pour le mari. Le corset, la plupart du temps corset plein de précautions, reste là, si la femme de chambre trop endormie oublie de l'emporter. Enfin les bouffants de baleine, les entournures garnies de taffetas gommé, les chiffons menteurs, les cheveux vendus par le coiffeur, toute la fausse femme est là, éparse. Disjecta membra poetae, la poésie artificielle tant admirée par ceux pour qui elle avait été conçue, élaborée, la jolie femme encombre tous les coins. À l'amour d'un mari qui bâille, se présente alors une femme vraie qui bâille aussi, qui vient dans un désordre sans élégance, coiffée de nuit avec un bonnet fripé, celui de la veille, celui du lendemain.
- Car, après tout, Monsieur, si vous voulez un joli bonnet de nuit à chiffonner tous les soirs, augmentez ma pension. Et voilà la vie telle qu'elle est.

Une femme est toujours vieille et déplaisante à son mari, mais toujours pimpante, élégante et parée pour l'autre, pour le rival de tous les maris, pour le monde qui calomnie ou déchire toutes les femmes. Inspirée par un amour vrai, car l'amour a, comme les autres êtres, l'instinct de sa conservation, Madame Jules agissait tout autrement, et trouvait, dans les constants bénéfices de son bonheur, la force nécessaire d'accomplir ces devoirs minutieux desquels il ne faut jamais se relâcher, parce qu'ils perpétuent l'amour. Ces soins, ces devoirs, ne procèdent-ils pas d'ailleurs d'une dignité personnelle qui sied à ravir ? N'est-ce pas des flatteries ? n'est-ce pas respecter en soi l'être aimé ? Donc Madame Jules avait interdit à son mari l'entrée du cabinet où elle quittait sa toilette de bal, et d'où elle sortait vêtue pour la nuit, mystérieusement parée pour les mystérieuses fêtes de son coeur. En venant dans cette chambre, toujours élégante et gracieuse, Jules y voyait une femme coquettement enveloppée dans un élégant peignoir, les cheveux simplement tordus en grosses tresses sur sa tête ; car, n'en redoutant pas le désordre, elle n'en ravissait à l'amour ni la vue ni le toucher ; une femme toujours plus simple, plus belle alors qu'elle ne l'était pour le monde ; une femme qui s'était ranimée dans l'eau, et dont tout l'artifice consistait à être plus blanche que ses mousselines, plus fraîche que le plus frais parfum, plus séduisante que la plus habile courtisane, enfin toujours tendre, et partant toujours aimée. cette admirable entente du métier de femme fut le grand secret de Joséphine pour plaire à Napoléon, comme il avait été jadis celui de césonie pour caïus caligula, de Diane de Poitiers pour Henri II.

Mais s'il fut largement productif pour des femmes qui comptaient sept ou huit lustres, quelle arme entre les mains de jeunes femmes ! Un mari subit alors avec délices les bonheurs de sa fidélité.

Or, en rentrant après cette conversation, qui l'avait glacée d'effroi et qui lui donnait encore les plus vives inquiétudes, Madame Jules prit un soin particulier de sa toilette de nuit. Elle voulut se faire et se fit ravissante. Elle avait serré la batiste du peignoir, entrouvert son corsage, laissé tomber ses cheveux noirs sur ses épaules rebondies ; son bain parfumé lui donnait une senteur enivrante ; ses pieds nus étaient dans des pantoufles de velours. Forte de ses avantages, elle vint à pas menus, et mit ses mains sur les yeux de Jules, qu'elle trouva pensif, en robe de chambre, le coude appuyé sur la cheminée, un pied sur la barre. Elle lui dit alors à l'oreille en l'échauffant de son haleine, et la mordant du bout des dents : - À quoi pensez-vous, Monsieur ? Puis le serrant avec adresse, elle l'enveloppa de ses bras, pour l'arracher à ses mauvaises pensées. La femme qui aime a toute l'intelligence de son pouvoir ; et plus elle est vertueuse, plus agissante est sa coquetterie.

- À toi, répondit-il.

- À moi seule ?

- Oui !

- Oh ! voilà un oui bien hasardé.

Ils se couchèrent. En s'endormant Madame Jules se dit : “Décidément,

Monsieur de Maulincour sera la cause de quelque malheur. Jules est préoccupé, distrait, et garde des pensées qu'il ne me dit pas."

Il était environ trois heures du matin lorsque Madame Jules fut réveillée par un pressentiment qui l'avait frappée au coeur pendant son sommeil. Elle eut une perception à la fois physique et morale de l'absence de son mari. Elle ne sentait plus le bras que Jules lui passait sous la tête, ce bras dans lequel elle dormait heureuse, paisible, depuis cinq années, et qu'elle ne fatiguait jamais. Puis une voix lui avait dit : - Jules souffre, Jules pleure... Elle leva la tête, se mit sur son séant, trouva la place de son mari froide, et l'aperçut assis devant le feu, les pieds sur le garde-cendre, la tête appuyée sur le dos d'un grand fauteuil. Jules avait des larmes sur les joues. La pauvre femme se jeta vivement à bas du lit, et sauta d'un bond sur les genoux de son mari.

- Jules, qu'as-tu ? souffres-tu ? parle ! dis ! dis-moi ! Parle-moi, si tu m'aimes. En un moment elle lui jeta cent paroles qui exprimaient la tendresse la plus profonde.

Jules se mit aux pieds de sa femme, lui baisa les genoux, les mains, et lui répondit en laissant échapper de nouvelles larmes :

- Ma chère Clémence, je suis bien malheureux ! ce n'est pas aimer que de se défier de sa maîtresse, et tu es ma maîtresse.

Je t'adore en te soupçonnant... Les paroles que cet homme m'a dites ce soir m'ont frappé au coeur ; elles y sont restées malgré moi pour me bouleverser. Il y a là-dessous quelque mystère.

Enfin, j'en rougis, tes explications ne m'ont pas satisfait. Ma raison me jette des lueurs que mon amour me fait repousser.

C'est un affreux combat. Pouvais-je rester là, tenant ta tête en y soupçonnant des pensées qui me seraient inconnues ?

- Oh ! je te crois, je te crois, lui cria-t-il vivement en la voyant sourire avec tristesse, et ouvrir la bouche pour parler. Ne me dis rien, ne me reproche rien. De toi, la moindre parole me tuerait. D'ailleurs pourrais-tu me dire une seule chose que je ne me sois dite depuis trois heures ? Oui, depuis trois heures, je suis là, te regardant dormir, si belle, admirant ton front si pur et si paisible.

Oh ! oui, tu m'as toujours dit toutes tes pensées, n'est-ce pas ?

Je suis seul dans ton âme. En te contemplant, en plongeant mes yeux dans les tiens, j'y vois bien tout. Ta vie est toujours aussi pure que ton regard est clair. Non, il n'y a pas de secret derrière cet oeil si transparent. Il se souleva, et la baisa sur les yeux.

- Laisse-moi t'avouer, ma chère créature, que depuis cinq ans ce qui grandissait chaque jour mon bonheur, c'était de ne te savoir aucune de ces affections naturelles qui prennent toujours un peu sur l'amour. Tu n'avais ni soeur, ni père, ni mère, ni compagne, et je n'étais alors ni au-dessus ni au-dessous de personne dans ton coeur : j'y étais seul, Clémence, répète-moi toutes les douceurs d'âme que tu m'as si souvent dites, ne me gronde pas, console-moi, je suis malheureux. J'ai certes un soupçon odieux à me reprocher, et toi tu n'as rien dans le coeur qui te brûle. Ma bien-aimée, dis, pouvais-je rester ainsi près de toi ? comment deux têtes qui sont si bien unies demeureraient-elles sur le même oreiller quand l'une d'elles souffre et que l'autre est tranquille...

- À quoi penses-tu donc ? s'écria-t-il brusquement en voyant Clémence songeuse, interdite, et qui ne pouvait retenir des larmes.

- Je pense à ma mère, répondit-elle d'un ton grave. Tu ne saurais connaître, Jules, la douleur de ta Clémence obligée de se souvenir des adieux mortuaires de sa mère, en entendant ta voix, la plus douce des musiques ; et de songer à la solennelle pression des mains glacées d'une mourante, en sentant la caresse des tiennes en un moment où tu m'accables des témoignages de ton délicieux amour. Elle releva son mari, le prit, l'étreignit avec une force nerveuse bien supérieure à celle d'un homme, lui baisa les cheveux et le couvrit de larmes.

- Ah ! je voudrais être hachée vivante pour toi ! Dis-moi bien que je te rends heureux, que je suis pour toi la plus belle des femmes, que je suis mille femmes pour toi. Mais tu es aimé comme nul homme ne le sera jamais. Je ne sais pas ce que veulent dire les mots devoir et vertu. Jules, je t'aime pour toi, je suis heureuse de t'aimer, et je t'aimerai toujours mieux jusqu'à mon dernier souffle. J'ai quelque orgueil de mon amour, je me crois destinée à n'éprouver qu'un sentiment dans ma vie, ce que je vais te dire est affreux, peut-être : je suis contente de ne pas avoir d'enfant, et n'en souhaite point. Je me sens plus épouse que mère. Eh bien, as-tu des craintes ? Écoute-moi, mon amour, promets-moi d'oublier, non pas cette heure mêlée de tendresse et de doutes, mais les paroles de ce fou. Jules, je le veux. Promets-moi de ne le point voir, de ne point aller chez lui.

J'ai la conviction que si tu fais un seul pas de plus dans ce dédale, nous roulerons dans un abîme où je périrai, mais en ayant ton nom sur les lèvres et ton coeur dans mon coeur. Pourquoi me mets-tu donc si haut en ton âme, et si bas en réalité ? comment, toi qui fais crédit à tant de gens de leur fortune, tu ne me ferais pas l'aumône d'un soupçon ; et, pour la première occasion dans ta vie où tu peux me prouver une foi sans bornes, tu me détrônerais de ton coeur !

Entre un fou et moi, c'est le fou que tu crois, oh ! Jules. Elle s'arrêta, chassa les cheveux qui retombaient sur son front et sur son cou ; puis, d'un accent déchirant, elle ajouta : - J'en ai trop dit, un mot devait suffire. Si ton âme et ton front conservent un nuage, quelque léger qu'il puisse être, sache-le bien, j'en mourrai !

Elle ne put réprimer un frémissement, et pâlit.

- Oh ! je tuerai cet homme, se dit Jules en saisissant sa femme et la portant dans son lit.

- Dormons en paix, mon ange, reprit-il, j'ai tout oublié, je te le jure.

Clémence s'endormit sur cette douce parole, plus doucement répétée. Puis Jules, la regardant endormie, se dit en lui-même :

- Elle a raison, quand l'amour est si pur, un soupçon le flétrit.

Pour cette âme si fraîche, pour cette fleur si tendre, une flétrissure, oui, ce doit être la mort.

Quand, entre deux êtres pleins d'affection l'un pour l'autre, et dont la vie s'échange à tout moment, un nuage est survenu, quoique ce nuage se dissipe, il laisse dans les âmes quelques traces de son passage.

Ou la tendresse devient plus vive, comme la terre est plus belle après la pluie ; ou la secousse retentit encore, comme un lointain tonnerre dans un ciel pur ; mais il est impossible de se retrouver dans sa vie antérieure, et il faut que l'amour croisse ou qu'il diminue. Au déjeuner, Monsieur et Madame Jules eurent l'un pour l'autre de ces soins dans lesquels il entre un peu d'affectation, c'était de ces regards pleins d'une gaieté presque forcée, et qui semblent être l'effort de gens empressés à se tromper eux-mêmes. Jules avait des doutes involontaires, et sa femme avait des craintes certaines. Néanmoins, sûrs l'un de l'autre, ils avaient dormi. Cet état de gêne était-il dû à un défaut de foi, au souvenir de leur scène nocturne ? Ils ne le savaient pas eux-mêmes. Mais ils s'étaient aimés, ils s'aimaient trop purement pour que l'impression à la fois cruelle et bienfaisante de cette nuit ne laissât pas quelques traces dans leurs âmes ; jaloux tous deux de les faire disparaître et voulant revenir tous les deux le premier l'un à l'autre, ils ne pouvaient s'empêcher de songer à la cause première d'un premier désaccord. Pour les âmes aimantes, ce n'est pas des chagrins, la peine est loin encore ; mais c'est une sorte de deuil difficile à peindre.

S'il y a des rapports entre les couleurs et les agitations de l'âme ; si, comme l'a dit l'aveugle de Locke, l'écarlate doit produire à la vue les effets produits dans l'ouïe par une fanfare, il peut être permis de comparer à des teintes grises cette mélancolie de contrecoup. Mais l'amour attristé, l'amour auquel il reste un sentiment vrai de son bonheur momentanément troublé, donne des voluptés qui, tenant à la peine et à la joie, sont toutes nouvelles.

Jules étudiait la voix de sa femme, il en épiait les regards avec le sentiment jeune qui l'animait dans les premiers moments de sa passion pour elle. Les souvenirs de cinq années tout heureuses, la beauté de Clémence, la naïveté de son amour, effacèrent alors promptement les derniers vestiges d'une intolérable douleur. ce lendemain était un dimanche, jour où il n'y avait ni Bourse ni affaires ; les deux époux passèrent alors la journée ensemble, se mettant plus avant au coeur l'un de l'autre qu'ils n'y avaient jamais été, semblables à deux enfants qui, dans un moment de peur, se serrent, se pressent, et se tiennent, s'unissant par instinct. Il y a dans une vie à deux de ces journées complètement heureuses, dues au hasard, et qui ne se rattachent ni à la veille, ni au lendemain, fleurs éphémères !... Jules et Clémence en jouirent délicieusement, comme s'ils eussent pressenti que c'était la dernière journée de leur vie amoureuse. Quel nom donner à cette puissance inconnue qui fait hâter le pas des voyageurs sans que l'orage se soit encore manifesté, qui fait resplendir de vie et de beauté le mourant quelques jours avant sa mort et lui inspire les plus riants projets, qui conseille au savant de hausser sa lampe nocturne au moment où elle l'éclaire parfaitement, qui fait craindre à une mère le regard trop profond jeté sur son enfant par un homme perspicace ? Nous subissons tous cette influence dans les grandes catastrophes de notre vie, et nous ne l'avons encore ni nommée ni étudiée : c'est plus que le pressentiment, et ce n'est pas encore la vision. Tout alla bien jusqu'au lendemain.

Le lundi, Jules Desmarets, obligé d'être à la Bourse à son heure accoutumée, ne sortit pas sans aller, suivant son habitude, demander à sa femme si elle voulait profiter de sa voiture.

- Non, dit-elle, il fait trop mauvais temps pour se promener.

En effet, il pleuvait à verse. Il était environ deux heures et demie quand Monsieur Desmarets se rendit au Parquet et au Trésor. À quatre heures, en sortant de la Bourse, il se trouva nez à nez devant Monsieur de Maulincour, qui l'attendait là avec la pertinacité fiévreuse que donnent la haine et la vengeance.

- Monsieur, j'ai des renseignements importants à vous communiquer, dit l'officier en prenant l'agent de change par le bras.

Écoutez, je suis un homme trop loyal pour avoir recours à des lettres anonymes qui troubleraient votre repos, j'ai préféré vous parler. Enfin croyez que, s'il ne s'agissait pas de ma vie, je ne m'immiscerais, certes, en aucune manière dans les affaires d'un ménage, quand même je pourrais m'en croire le droit.

- Si ce que vous avez à me dire concerne Madame Desmarets, répondit Jules, je vous prierai, Monsieur, de vous taire.

- Si je me taisais, Monsieur, vous pourriez voir avant peu Madame Jules sur les bancs de la cour d'assises, à côté d'un forçat. Faut-il me taire maintenant ?

Jules pâlit, mais sa belle figure reprit promptement un calme faux ; puis, entraînant l'officier sous un des auvents de la Bourse provisoire où ils se trouvaient alors, il lui dit d'une voix que voilait une profonde émotion intérieure :

- Monsieur, je vous écouterai ; mais il y aura entre nous un duel à mort si...

- Oh ! j'y cunsens, s'écria Monsieur de Maulincour, j'ai pour vous la plus grande estime. Vous parlez de mort, Monsieur ? Vous ignorez sans doute que votre femme m'a peut-être fait empoisonner samedi soir. Oui, Monsieur, depuis avant-hier, il se passe en moi quelque chose d'extraordinaire ; mes cheveux me distillent intérieurement à travers le crâne une fièvre et une langueur mortelle, et je sais parfaitement quel homme a touché mes cheveux pendant le bal.

Monsieur de Maulincour raconta, sans en omettre un seul fait, et son amour platonique pour Madame Jules, et les détails de l'aventure qui commence cette scène. Tout le monde l'eût écoutée avec autant d'attention que l'agent de change ; mais le mari de Madame Jules avait le droit d'en être plus étonné que qui que ce fût au monde. Là se déploya son caractère, il fut plus surpris qu'abattu. Devenu juge, et juge d'une femme adorée, il trouva dans son âme la droiture du juge, comme il en prit l'inflexibilité. Amant encore, il songea moins à sa vie brisée qu'à celle de cette femme ; il écouta, non sa propre douleur, mais la voix lointaine qui lui criait : - Clémence ne saurait mentir ! Pourquoi te trahirait-elle ?

- Monsieur, dit l'officier aux Gardes en terminant, certain d'avoir reconnu, samedi soir, dans Monsieur de Funcal, ce Ferragus que la police croit mort, j'ai mis aussitôt sur ses traces un homme intelligent. En revenant chez moi, je me suis souvenu, par un heureux hasard, du nom de Madame Meynardie, cité dans la lettre de cette Ida, la maîtresse présumée de mon persécuteur.

Muni de ce seul renseignement, mon émissaire me rendra promptement compte de cette épouvantable aventure, car il est plus habile à découvrir la vérité que ne l'est la police elle-même.

- Monsieur, répondit l'agent de change, je ne saurais vous remercier de cette confidence. Vous m'annoncez des preuves, des témoins, je les attendrai. Je poursuivrai courageusement la vérité de cette affaire étrange, mais vous me permettrez de douter jusqu'à ce que l'évidence des faits me soit prouvée. En tout cas, vous aurez satisfaction, car vous devez comprendre qu'il nous en faut une.

Monsieur Jules revint chez lui.

- Qu'as-tu, Jules ? lui dit sa femme, tu es pâle à faire peur.

- Le temps est froid, dit-il en marchant d'un pas lent dans cette chambre où tout parlait de bonheur et d'amour, cette chambre si calme où se préparait une tempête meurtrière.

“Tu n'es pas sortie aujourd'hui, reprit-il machinalement en apparence.

Il fut poussé sans doute à faire cette question par la dernière des mille pensées qui s'étaient secrètement enroulées dans une méditation lucide, quoique précipitamment activée par la jalousie.

- Non, répondit-elle avec un faux accent de candeur.

En ce moment, Jules aperçut dans le cabinet de toilette de sa femme quelques gouttes d'eau sur le chapeau de velours qu'elle mettait le matin.

Monsieur Jules était un homme violent, mais aussi plein de délicatesse, et il lui répugna de placer sa femme en face d'un démenti. Dans une telle situation, tout doit être fini pour la vie entre certains êtres.
Cependant ces gouttes d'eau furent comme une lueur qui lui déchira la cervelle. Il sortit de sa chambre, descendit à la loge, et dit à son concierge, après s'être assuré qu'il y était seul : - Fouquereau, cent écus de rente si tu dis vrai, chassé si tu me trompes, et rien si, m'ayant dit la vérité, tu parles de ma question et de ta réponse.
Il s'arrêta pour bien voir son concierge qu'il attira sous le jour de la fenêtre, et reprit : - Madame est-elle sortie ce matin ?
- Madame est sortie à trois heures moins un quart, et je crois l'avoir vue rentrer il y a une demi-heure.
- Cela est vrai, sur ton honneur ?
- Oui, Monsieur.
- Tu auras la rente que je t'ai promise ; mais si tu parles, souviens-toi de ma promesse ! alors tu perdrais tout.
Jules revint chez sa femme.
- Clémence, lui dit-il, j'ai besoin de mettre un peu d'ordre dans mes comptes de maison, ne t'offense donc pas de ce que je vais te demander. Ne t'ai-je pas remis quarante mille francs depuis le commencement de l'année ?
- Plus, dit-elle. Quarante-sept.
- En trouverais-tu bien l'emploi ?
- Mais oui, dit-elle. D'abord, j'avais à payer plusieurs mémoires de l'année dernière...
- Je ne saurai rien ainsi, se dit Jules, je m'y prends mal.
En ce moment le valet de chambre de Jules entra, et lui remit une lettre qu'il ouvrit par contenance ; mais il la lut avec avidité lorsqu'il eut jeté les yeux sur la signature.
“Monsieur,
Dans l'intérêt de votre repos et du nôtre, j'ai pris le parti de vous écrire sans avoir l'avantage d'être connue de vous, mais ma position, mon âge et la crainte de quelque malheur me forcent à vous prier d'avoir de l'indulgence dans une conjoncture fâcheuse où se trouve notre famille désolée. Monsieur Auguste de Maulincour nous a donné depuis quelques jours des

preuves d'aliénation mentale, et nous craignons qu'il ne trouble votre bonheur par des chimères dont il nous a entretenus, Monsieur le commandeur de Pamiers et moi, pendant un premier accès de fièvre. Nous vous prévenons donc de sa maladie, sans doute guérissable encore, elle a des effets si graves et si importants pour l'honneur de notre famille et l'avenir de mon petit-fils, que je compte sur votre entière discrétion. Si Monsieur le commandeur ou moi, Monsieur, avions pu nous transporter chez vous, nous nous serions dispensés de vous écrire ; mais je ne doute pas que vous n'ayez égard à la prière qui vous est faite ici par une mère de brûler cette lettre.

Agréez l'assurance de ma parfaite considération.

Baronne DE MAULINCOUR, née DE RIEUX."

- Combien de tortures ! s'écria Jules.
- Mais que se passe-t-il donc en toi ? lui dit sa femme en témoignant une vive anxiété.
- J'en suis arrivé, répondit Jules, à me demander si c'est toi qui me fais parvenir cet avis pour dissiper mes soupçons, reprit-il en lui jetant la lettre. Ainsi juge de mes souffrances ?
- Le malheureux, dit Madame Jules en laissant tomber le papier, je le plains, quoiqu'il me fasse bien du mal.
- Tu sais qu'il m'a parlé ?
- Ah ! tu es allé le voir malgré ta parole, dit-elle frappée de terreur.
- Clémence, notre amour est en danger de périr, et nous sommes en dehors de toutes les lois ordinaires de la vie, laissons donc les petites considérations au milieu des grands périls.

Écoute, dis-moi pourquoi tu es sortie ce matin. Les femmes se croient le droit de nous faire quelquefois de petits mensonges.

Ne se plaisent-elles pas souvent à nous cacher des plaisirs qu'elles nous préparent ? Tout à l'heure, tu m'as dit un mot pour un autre sans doute, un non pour un oui.

Il entra dans le cabinet de toilette, et en rapporta le chapeau.

- Tiens, vois ? sans vouloir faire ici le Bartholo, ton chapeau t'a trahie. ces taches ne sont-elles pas des gouttes de pluie ?

Donc tu es sortie en fiacre, et tu as reçu ces gouttes d'eau, soit en allant chercher une voiture, soit en entrant dans la maison où tu es allée, soit en la quittant. Mais une femme peut sortir de chez elle fort innocemment, même après avoir dit à son mari qu'elle ne sortirait pas. Il y a tant de raisons pour changer d'avis ! Avoir des caprices, n'est-ce pas un de vos droits ? Vous n'êtes pas obligées d'être conséquentes avec vous-mêmes. Tu auras oublié quelque chose, un service à rendre, une visite, ou quelque bonne action à faire. Mais rien n'empêche une femme de dire à son mari ce qu'elle a fait.

Rougit-on jamais dans le sein d'un ami ? Eh bien ? ce n'est pas le mari jaloux qui te parle, ma Clémence, c'est l'amant, c'est l'ami, le frère. Il se jeta passionnément à ses pieds. - Parle, non pour te justifier, mais pour calmer d'horribles souffrances. Je sais bien que tu es sortie. Eh bien, qu'as-tu fait ? où es-tu allée ?

- Oui, je suis sortie, Jules, répondit-elle d'une voix altérée quoique son visage fût calme. Mais ne me demande rien de plus.

Attends avec confiance, sans quoi tu te créeras des remords éternels. Jules, mon Jules, la confiance est la vertu de l'amour.

Je te l'avoue, en ce moment, je suis trop troublée pour te répondre ; mais je ne suis point une femme artificieuse, et je t'aime, tu le sais.

- Au milieu de tout ce qui peut ébranler la foi d'un homme, en éveiller la jalousie, car je ne suis donc pas le premier dans ton coeur, je ne suis donc pas toi-même... Eh bien, Clémence, j'aime encore mieux te croire, croire en ta voix, croire en tes yeux ! Si tu me trompes, tu mériterais...

- Oh ! mille morts, dit-elle en l'interrompant.

- Moi, je ne te cache aucune de mes pensées, et toi, tu...

- Chut, dit-elle, notre bonheur dépend de notre mutuel silence.

- Ah ! je veux tout savoir, s'écria-t-il dans un violent accès de rage.

En ce moment, des cris de femme se firent entendre, et les glapissements d'une petite voix aigre arrivèrent de l'anti chambre jusqu'aux deux époux.

- J'entrerai, je vous dis ! criait-on. Oui, j'entrerai, je veux la voir, je la verrai.

Jules et Clémence se précipitèrent dans le salon et ils virent bientôt les portes s'ouvrir avec violence. Une jeune femme se montra tout à coup, suivie de deux domestiques qui dirent à leur maître : - Monsieur, cette

femme veut entrer ici malgré nous.
Nous lui avons déjà dit que Madame n'y était pas. Elle nous a répondu qu'elle savait bien que Madame était sortie, mais qu'elle venait de la voir rentrer. Elle nous menace de rester à la porte de l'hôtel jusqu'à ce qu'elle ait parlé à Madame.

- Retirez-vous, dit Monsieur Desmarets à ses gens.

- Que voulez-vous, mademoiselle ? ajouta-t-il en se tournant vers l'inconnue.

cette demoiselle était le type d'une femme qui ne se rencontre qu'à Paris. Elle se fait à Paris, comme la boue, comme le pavé de Paris, comme l'eau de la Seine se fabrique à Paris, dans de grands réservoirs à travers lesquels l'industrie la filtre dix fois avant de la livrer aux carafes à facettes où elle scintille et claire et pure, de fangeuse qu'elle était. Aussi est-ce une créature véritablement originale. Vingt fois saisie par le crayon du peintre, par le pinceau du caricaturiste, par la plombagine du dessinateur, elle échappe à toutes les analyses, parce qu'elle est insaisissable dans tous ses modes, comme l'est la nature, comme l'est ce fantasque Paris. En effet, elle ne tient au vice que par un rayon, et s'en éloigne par les mille autres points de la circonférence sociale. D'ailleurs, elle ne laisse deviner qu'un trait de son caractère, le seul qui la rende blâmable :
ses belles vertus sont cachées ; son naïf dévergondage, elle en fait gloire. Incomplètement traduite dans les drames et les livres où elle a été mise en scène avec toutes ses poésies, elle ne sera jamais vraie que dans son grenier, parce qu'elle sera toujours, autre part, ou calomniée ou flattée. Riche, elle se vicie ; pauvre, elle est incomprise. Et cela ne saurait être autrement ! Elle a trop de vices et trop de bonnes qualités ; elle est trop près d'une asphyxie sublime ou d'un rire flétrissant ; elle est trop belle et trop hideuse ; elle personnifie trop bien Paris, auquel elle fournit des portières édentées, des laveuses de linge, des balayeuses, des mendiantes, parfois des comtesses impertinentes, des actrices admirées, des cantatrices applaudies ; elle a même donné jadis deux quasi reines à la monarchie. Qui pourrait saisir un tel Protée ? Elle est toute la femme, moins que la femme, plus que la femme. De ce vaste portrait, un peintre de moeurs ne peut rendre que certains détails, l'ensemble est l'infini, c'était une grisette de Paris, mais la grisette dans toute sa splendeur ; la grisette en fiacre,

heureuse, jeune, belle, fraîche, mais grisette, et grisette à griffes, à ciseaux, hardie comme une Espagnole, hargneuse comme une prude anglaise réclamant ses droits conjugaux, coquette comme une grande dame, plus franche et prête à tout ; une véritable lionne sortie du petit appartement dont elle avait tant de fois rêvé les rideaux de calicot rouge, le meuble en velours d'Utrecht, la table à thé, le cabaret de porcelaine à sujets peints, la causeuse, le petit tapis de moquette, la pendule d'albâtre et les flambeaux sous verre, la chambre jaune, le mol édredon ; bref, toutes les joies de la vie des grisettes :

la femme de ménage, ancienne grisette elle-même, mais grisette à moustaches et à chevrons, les parties de spectacle, les marrons à discrétion, les robes de soie et les chapeaux à gâcher ; enfin toutes les félicités calculées au comptoir des modistes, moins l'équipage, qui n'apparaît dans les imaginations du comptoir que comme un bâton de maréchal dans les songes du soldat. Oui, cette grisette avait tout cela pour une affection vraie ou malgré l'affection vraie, comme quelques autres l'obtiennent souvent pour une heure par jour, espèce d'impôt insouciamment acquitté sous les griffes d'un vieillard. La jeune femme qui se trouvait en présence de Monsieur et Madame Jules avait le pied si découvert dans sa chaussure qu'à peine voyait-on une légère ligne noire entre le tapis et son bas blanc, cette chaussure, dont la caricature parisienne rend si bien le trait, est une grâce particulière à la grisette parisienne ; mais elle se trahit encore mieux aux yeux de l'observateur par le soin avec lequel ses vêtements adhèrent à ses formes, qu'ils dessinent nettement. Aussi l'inconnue était-elle, pour ne pas perdre l'expression pittoresque créée par le soldat français, ficelée dans une robe verte, à guimpe, qui laissait deviner la beauté de son corsage, alors parfaitement visible ; car son châle de cachemire Ternaux, tombant à terre, n'était plus retenu que par les deux bouts qu'elle gardait entortillés à demi dans ses poignets. Elle avait une figure fine, des joues roses, un teint blanc, des yeux gris étincelants, un front bombé, très proéminent, des cheveux soigneusement lissés qui s'échappaient de son petit chapeau, en grosses boucles sur son cou.

- Je me nomme Ida, Monsieur. Et si c'est là Madame Jules, à laquelle j'ai l'avantage de parler, je venais pour lui dire tout ce que j'ai sur le coeur, conte elle, c'est très mal, quand on a son affaire faite, et qu'on est dans ses

meubles comme vous êtes ici, de vouloir enlever à une pauvre fille un homme avec lequel j'ai contracté un mariage moral, et qui parle de réparer ses torts en m'épousant à la Mucipalité. Il y a bien assez de jolis jeunes gens dans le monde, pas vrai, Monsieur ? pour se passer ses fantaisies, sans venir me prendre un homme d'âge, qui fait mon bonheur. Quien, je n'ai pas une belle hôtel, moi, j'ai mon amour !
Je haïs les bel hommes et l'argent, je suis tout coeur, et...
Madame Jules se tourna vers son mari : - Vous me permettrez, Monsieur, de ne pas en entendre davantage, dit-elle en rentrant dans sa chambre.
- Si cette dame est avec vous, j'ai fait des brioches, à ce que je vois ; mais tant pire, reprit Ida. Pourquoi vient-elle voir Monsieur Ferragus tous les jours ?
- Vous vous trompez, mademoiselle, dit Jules stupéfait. Ma femme est incapable...
- Ah ! vous êtes donc mariés vous deusse ! dit la grisette en manifestant quelque surprise, c'est alors bien plus mal, Monsieur, pas vrai, à une femme qui a le bonheur d'être mariée en légitime mariage, d'avoir des rapports avec un homme comme Henri...
- Mais quoi, Henri, dit Monsieur Jules en prenant Ida et l'entraînant dans une pièce voisine pour que sa femme n'entendît plus rien.
- Eh bien, Monsieur Ferragus...
- Mais il est mort, dit Jules.
- c'te farce ! Je suis allée à Franconi avec lui hier au soir, et il m'a ramenée, comme cela se doit. D'ailleurs votre dame peut vous en donner des nouvelles. N'est-elle pas allée le voir à trois heures ? Je le sais bien : je l'ai attendue dans la rue, rapport à ce qu'un aimable homme, Monsieur Justin, que vous connaissez peut-être, un petit vieux qui a des breloques, et qui porte un corset, m'avait prévenue que j'avais une Madame Jules pour rivale, ce nom-là, Monsieur, est bien connu parmi les noms de guerre. Excusez, puisque c'est le vôtre, mais quand Madame Jules serait une duchesse de la cour, Henri est si riche qu'il peut satisfaire toutes ses fantaisies. Mon affaire est de défendre mon bien, et j'en ai le droit ; car, moi, je l'aime, Henri ! c'est ma promière inclination, et il y va de mon amour et de mon sort à venir. Je ne crains rien, Monsieur ; je suis honnête, et je n'ai jamais menti, ni volé le bien de qui que ce soit. Ce serait une

impératrice qui serait ma rivale, que j'irais à elle tout droit ; et si elle m'enlevait mon mari futur, je me sens capable de la tuer, tout impératrice qu'elle serait, parce que toutes les belles femmes sont égales, Monsieur...
- Assez ! assez ! dit Jules. Où demeurez-vous ?
- Rue de la corderie-du-Temple, n° 14, Monsieur. Ida Gruget, couturière en corsets, pour vous servir, car nous en faisons beaucoup pour les messieurs.
- Et où demeure l'homme que vous nommez Ferragus ?
- Mais, Monsieur, dit-elle en se pinçant les lèvres, ce n'est d'abord pas un homme, c'est un Monsieur plus riche que vous ne l'êtes peut-être.
Mais pourquoi est-ce que vous me demandez son adresse quand votre femme la sait ? Il m'a dit de ne point la donner. Est-ce que je suis obligée de vous répondre ?... Je ne suis, Dieu merci, ni au confessionnal ni à la police, et je ne dépends que de moi.
- Et si je vous offrais vingt, trente, quarante mille francs pour me dire où demeure Monsieur Ferragus ?
- Ah ! n, i, ni, mon petit ami, c'est fini ! dit-elle en joignant à cette singulière réponse un geste populaire. Il n'y a pas de somme qui me fasse dire cela. J'ai bien l'honneur de vous saluer.
Par où s'en va-t-on donc d'ici ?
Jules, atterré, laissa partir Ida, sans songer à elle. Le monde entier semblait s'écrouler sous lui ; et, au-dessus de lui, le ciel tombait en éclats.
- Monsieur est servi, lui dit son valet de chambre.
Le valet de chambre et le valet d'office attendirent dans la salle à manger pendant environ un quart d'heure sans voir arriver leurs maîtres.
- Madame ne dînera pas, vint dire la femme de chambre.
- Qu'y a-t-il donc, Joséphine ? demanda le valet.
- Je ne sais pas, répondit-elle. Madame pleure et va se mettre au lit. Monsieur avait sans doute une inclination en ville, et cela s'est découvert dans un bien mauvais moment, entendez-vous ?
Je ne répondrais pas de la vie de Madame. Tous les hommes sont si gauches ! Ils vous font toujours des scènes sans aucune précaution.
- Pas du tout, reprit le valet de chambre à voix basse, c'est, au contraire, Madame qui.., enfin vous comprenez. Quel temps aurait donc Monsieur pour aller en ville, lui qui depuis cinq ans n'a pas couché une seule fois hors de la chambre de Madame ; qui descend à son cabinet à dix heures, et

n'en sort qu'à midi pour déjeuner ! Enfin sa vie est connue, elle est régulière, au lieu que Madame file presque tous les jours, à trois heures, on ne sait où.
- Et Monsieur aussi, dit la femme de chambre en prenant le parti de sa maîtresse.
- Mais il va à la Bourse, Monsieur. Voilà pourtant trois fois que je l'avertis qu'il est servi, reprit le valet de chambre après une pause, et c'est comme si l'on parlait à un terne.
Monsieur Jules entra.
- Où est Madame ? demanda-t-il.
- Madame va se coucher, elle a la migraine, répondit la femme de chambre en prenant un air important.
Monsieur Jules dit alors avec beaucoup de sang-froid en s'adressant à ses gens : - Vous pouvez desservir, je vais tenir compagnie à Madame.
Et il rentra chez sa femme qu'il trouva pleurant, mais étouffant ses sanglots dans son mouchoir.
- Pourquoi pleurez-vous ? lui dit Jules. Vous n'avez à attendre de moi ni violences ni reproches. Pourquoi me vengerais-je ?
Si vous n'avez pas été fidèle à mon amour, c'est que vous n'en étiez pas digne...
- Pas digne ! ces mots répétés s'entendirent à travers les sanglots, et l'accent avec lequel ils furent prononcés eût attendri tout autre homme que Jules.
- Pour vous tuer, il faudrait aimer plus que je n'aime peut être, dit-il en continuant ; mais je n'en aurais pas le courage, je me tuerais plutôt, moi, vous laissant à votre... bonheur, et à... à qui ? Il n'acheva pas.
- Se tuer, cria Clémence en se jetant aux pieds de Jules et les tenant embrassés.
Mais, lui, voulut se débarrasser de cette étreinte et secoua sa femme en la traînant jusqu'à son lit.
- Laissez-moi, dit-il.
- Non, non, Jules ! criait-elle. Si tu ne m'aimes plus, je mourrai. Veux-tu tout savoir ?
- Oui.
Il la prit, la serra violemment, s'assit sur le bord du lit, la retint entre ses jambes ; puis, regardant d'un oeil sec cette belle tête devenue couleur de

feu, mais sillonnée de larmes : - Allons, dis, répéta-t-il.
Les sanglots de Clémence recommencèrent.
- Non, c'est un secret de vie et de mort. Si je le disais, je... Non, je ne puis pas. Grâce, Jules !
- Tu me trompes toujours...
- Ah ! tu ne me dis plus vous ! s'écria-t-elle. Oui, Jules, tu peux croire que je te trompe, mais bientôt tu sauras tout.
- Mais ce Ferragus, ce forçat que tu vas voir, cet homme enrichi par des crimes, s'il n'est pas à toi, si tu ne lui appartiens pas...
- Oh ! Jules ?...
- Eh ! bien, est-ce ton bienfaiteur inconnu ; l'homme auquel nous devrions notre fortune, comme on l'a déjà dit ?
- Qui a dit cela ?
- Un homme que j'ai tué en duel.
- Oh ! Dieu ! déjà un mort.
- Si ce n'est pas ton protecteur, s'il ne te donne pas de l'or, si c'est toi qui lui en portes, voyons, est-ce ton frère ?
- Eh bien, dit-elle, si cela était ? Monsieur Desmarets se croisa les bras.
- Pourquoi me l'aurait-on caché ? reprit-il. Vous m'auriez donc trompé, ta mère et toi ? D'ailleurs, va-t-on chez son frère tous les jours, ou presque tous les jours, hein ? Sa femme était évanouie à ses pieds.
- Morte, dit-il. Et si j'avais tort ? Il sauta sur les cordons de sonnette, appela Joséphine et mit Clémence sur le lit.
- J'en mourrai, dit Madame Jules en revenant à elle.
- Joséphine, cria Monsieur Desmarets, allez chercher Monsieur Desplein. Puis vous irez après chez mon frère, en le priant de venir le plus tôt possible.
- Pourquoi votre frère ? dit Clémence.
Jules était déjà sorti.
Pour la première fois depuis cinq ans, Madame Jules se coucha seule dans son lit, et fut contrainte de laisser entrer un médecin dans sa chambre sacrée. ce fut deux peines bien vives.
Desplein trouva Madame Jules fort mal, jamais émotion violente n'avait été plus intempestive. Il ne voulut rien préjuger, et remit au lendemain à donner son avis, après avoir ordonné quelques prescriptions qui ne furent

point exécutées, les intérêts du coeur ayant fait oublier tous les soins physiques.

Vers le matin, Clémence n'avait pas encore dormi. Elle était préoccupée par le sourd murmure d'une conversation qui durait depuis plusieurs heures entre les deux frères ; mais l'épaisseur des murs ne laissait arriver à son oreille aucun mot qui pût lui trahir l'objet de cette longue conférence. Monsieur Desmarets, le notaire, s'en alla bientôt. Le calme de la nuit, puis la singulière activité de sens que donne la passion, permirent alors à Clémence d'entendre le cri d'une plume et les mouvements involontaires d'un homme occupé à écrire. Ceux qui passent habituellement les nuits, et qui ont observé les différents effets de l'acoustique par un profond silence, savent que souvent un léger retentissement est facile à percevoir dans les mêmes lieux où des murmures égaux et continus n'avaient rien de distinctible. À quatre heures le bruit cessa. Clémence se leva inquiète et tremblante. Puis, pieds nus, sans peignoir, ne pensant ni à sa moiteur, ni à l'état dans lequel elle se trouvait, la pauvre femme ouvrit heureusement la porte de communication sans la faire crier. Elle vit son mari, une plume à la main, tout endormi dans son fauteuil. Les bougies brûlaient dans les bobèches. Elle s'avança lentement, et lut sur une enveloppe déjà cachetée :

CECI EST MON TESTAMENT.

Elle s'agenouilla comme devant une tombe, et baisa la main de son mari qui s'éveilla soudain.

- Jules, mon ami, l'on accorde quelques jours aux criminels condamnés à mort, dit-elle en le regardant avec des yeux allumés par la fièvre et par l'amour. Ta femme innocente ne t'en demande que deux. Laisse-moi libre pendant deux jours, et... attends !

Après, je mourrai heureuse, du moins tu me regretteras.

- Clémence, je te les accorde.

Et, comme elle baisait les mains de son mari dans une touchante effusion de coeur, Jules, fasciné par ce cri de l'innocence, la prit et la baisa au front, tout honteux de subir encore le pouvoir de cette noble beauté.

Le lendemain, après avoir pris quelques heures de repos, Jules entra dans la chambre de sa femme, obéissant machinalement à sa coutume de ne point sortir sans l'avoir vue. Clémence dormait. Un rayon de lumière passant par les fentes les plus élevées des fenêtres tombait sur le visage de cette femme accablée. Déjà les douleurs avaient altéré son front et la fraîche rougeur de ses lèvres. L'oeil d'un amant ne pouvait pas se tromper à l'aspect de quelques marbrures foncées et de la pâleur maladive qui remplaçait et le ton égal des joues et la blancheur mate du teint, deux fonds purs sur lesquels se jouaient si naïvement les sentiments de cette belle âme.

- Elle souffre, se dit Jules. Pauvre Clémence, que Dieu nous protège !

Il la baisa bien doucement sur le front. Elle s'éveilla, vit son mari et comprit tout ; mais, ne pouvant parler, elle lui prit la main, et ses yeux se mouillèrent de larmes.

- Je suis innocente, dit-elle en achevant son rêve.

- Tu ne sortiras pas ? lui demanda Jules.

- Non, je me sens trop faible pour quitter mon lit.

- Si tu changes d'avis, attends mon retour, dit Jules.

Et il descendit à la loge.

- Fouquereau, vous surveillerez exactement votre porte, je veux connaître les gens qui entreront dans l'hôtel, et ceux qui en sortiront.

Puis Monsieur Jules se jeta dans un fiacre, se fit conduire à l'hôtel de Maulincour, et y demanda le baron.

- Monsieur est malade, lui dit-on.

Jules insista pour entrer, donna son nom ; et, à défaut de Monsieur de Maulincour, il voulut voir le vidame ou la douairière. Il attendit pendant quelque temps dans le salon de la vieille baronne qui vint le trouver, et lui dit que son petit-fils était beaucoup trop indisposé pour le recevoir.

- Je connais, Madame, répondit Jules, la nature de sa maladie par la lettre que vous m'avez fait l'honneur de m'écrire, et je vous prie de croire...

- Une lettre à vous, Monsieur ! de moi ! s'écria la douairière en l'interrompant, mais je n'ai point écrit de lettre. Et que m'y fait-on dire, Monsieur, dans cette lettre ?

- Madame, reprit Jules, ayant l'intention de venir chez Monsieur de Maulincour aujourd'hui même, et de vous rendre cette lettre, j'ai cru pouvoir la conserver malgré l'injonction qui la termine. La voici.

La douairière sonna pour avoir ses doubles besicles, et, lorsqu'elle eut jeté les yeux sur le papier, elle manifesta la plus grande surprise.

- Monsieur, dit-elle, mon écriture est si parfaitement imitée, que s'il ne s'agissait pas d'une affaire récente je m'y tromperais moi-même. Mon petit-fils est malade, il est vrai, Monsieur ; mais sa raison n'a jamais été le moindrement du monde altérée.

Nous sommes le jouet de quelques mauvaises gens ; cependant, je ne devine pas dans quel but a été faite cette impertinence... Vous allez voir mon petit-fils, Monsieur, et vous reconnaîtrez qu'il est parfaitement sain d'esprit.

Et elle sonna de nouveau pour faire demander au baron s'il pouvait recevoir Monsieur Desmarets. Le valet revint avec une réponse affirmative. Jules monta chez Auguste de Maulincour, qu'il trouva dans un fauteuil, assis au coin de la cheminée, et qui, trop faible pour se lever, le salua par un geste mélancolique, le vidame de Pamiers lui tenait compagnie.

- Monsieur le baron, dit Jules, j'ai quelque chose à vous dire d'assez particulier pour désirer que nous soyons seuls.

- Monsieur, répondit Auguste, Monsieur le commandeur sait toute cette affaire, et vous pouvez parler devant lui sans crainte.

- Monsieur le baron, reprit Jules d'une voix grave, vous avez troublé, presque détruit mon bonheur, sans en avoir le droit.

Jusqu'au moment où nous verrons qui de nous peut demander ou doit accorder une réparation à l'autre, vous êtes tenu de m'aider à marcher dans la voie ténébreuse où vous m'avez jeté.

Je viens donc pour apprendre de vous la demeure actuelle de l'être mystérieux qui exerce sur nos destinées une si fatale influence, et qui semble avoir à ses ordres une puissance surnaturelle. Hier, au moment où je rentrais, après avoir entendu vos aveux, voici la lettre que j'ai reçue.

Et Jules lui présenta la fausse lettre.

- Ce Ferragus, ce Bourignard, ou ce Monsieur de Funcal est un démon, s'écria Maulincour après l'avoir lue. Dans quel affreux dédale ai-je mis le pied ? Où vais-je ? - J'ai eu tort, Monsieur, dit-il en regardant Jules ; mais la mort est, certes, la plus grande des expiations, et ma mort approche. Vous pouvez donc me demander tout ce que vous désirez, je suis à vos ordres.

- Monsieur, vous devez savoir où demeure l'inconnu, je veux absolument, dût-il m'en coûter toute ma fortune actuelle, pénétrer ce mystère ; et, en présence d'un ennemi si cruellement intelligent, les moments sont

précieux.
- Justin va vous dire tout, répondit le baron.
À ces mots, le commandeur s'agita sur sa chaise.
Auguste sonna.
- Justin n'est pas à l'hôtel, s'écria le vidame avec une précipitation qui disait beaucoup de choses.
- Eh bien, dit vivement Auguste, nos gens savent où il est, un homme montera vite à cheval pour le chercher. Votre valet est dans Paris, n'est-ce pas ? On l'y trouvera.
Le commandeur parut visiblement troublé.
- Justin ne viendra pas, mon ami, dit le vieillard. Il est mort.
Je voulais te cacher cet accident, mais...
- Mort, s'écria Monsieur de Maulincour, mort ? Et quand ? et comment ?
- Hier, dans la nuit. Il est allé souper avec d'anciens amis, et s'est enivré sans doute ; ses amis, pris de vin comme lui, l'auront laissé se coucher dans la rue, et une grosse voiture lui a passé sur le corps...
- Le forçat ne l'a pas manqué. Du premier coup il l'a tué, dit Auguste. Il n'a pas été si heureux avec moi, il a été obligé de s'y prendre à quatre fois.
Jules devint sombre et pensif.
- Je ne saurai donc rien, s'écria l'agent de change après une longue pause. Votre valet a peut-être été justement puni ! N'a-t-il pas outrepassé vos ordres en calomniant Madame Desmarets dans l'esprit d'une Ida, dont il a réveillé la jalousie afin de la déchaîner sur nous.
- Ah ! Monsieur, dans ma colère, je lui avais abandonné Madame Jules.
- Monsieur ! s'écria le mari vivement irrité.
- Oh ! maintenant, Monsieur, répondit l'officier en réclamant le silence par un geste de main, je suis prêt à tout. Vous ne ferez pas mieux que ce qui est fait, et vous ne me direz rien que ma conscience ne m'ait déjà dit. J'attends ce matin le plus célèbre professeur de toxicologie pour connaître mon sort. Si je suis destiné à de trop grandes souffrances, ma résolution est prise, je me brûlerai la cervelle.
- Vous parlez comme un enfant, s'écria le commandeur épouvanté par le sang-froid avec lequel le baron avait dit ces mots. Votre grand-mère mourrait de chagrin.
- Ainsi, Monsieur, dit Jules, il n'existe aucun moyen de connaître en quel

endroit de Paris demeure cet homme extraordinaire ?
- Je crois, Monsieur, répondit le vieillard, avoir entendu dire à ce pauvre Justin que Monsieur de Funcal logeait à l'ambassade de Portugal ou à celle du Brésil. Monsieur de Funcal est un gentilhomme qui appartient aux deux pays.
Quant au forçat, il est mort et enterré. Votre persécuteur, quel qu'il soit, me paraît assez puissant pour que vous l'acceptiez sous sa nouvelle forme jusqu'au moment où vous aurez les moyens de le confondre et de l'écraser ; mais agissez avec prudence, mon cher Monsieur.
Si Monsieur de Maulincour avait suivi mes conseils, rien de tout ceci ne serait arrivé.
Jules se retira froidement, mais avec politesse, et ne sut quel parti prendre pour arriver à Ferragus. Au moment où il rentra, son concierge lui dit que Madame était sortie pour aller jeter une lettre dans la boîte de la petite poste, qui se trouvait en face de la rue de Ménars. Jules se sentit humilié de reconnaître la prodigieuse intelligence avec laquelle son concierge épousait sa cause, et l'adresse avec laquelle il devinait les moyens de le servir. L'empressement des inférieurs et leur habileté particulière à compromettre les maîtres qui se compromettent lui étaient connus ; le danger de les avoir pour complices en quoi que ce soit, il l'avait apprécié ; mais il ne put songer à sa dignité personnelle qu'au moment où il se trouva si subitement ravalé.
Quel triomphe pour l'esclave incapable de s'élever jusqu'à son maître, de faire tomber le maître jusqu'à lui ! Jules fut brusque et dur. Autre faute. Mais il souffrait tant ! Sa vie, jusque-là si droite, si pure, devenait tortueuse ; et il lui fallait maintenant ruser, mentir. Et Clémence aussi mentait et rusait. Ce moment fut un moment de dégoût. Perdu dans un abîme de pensées amères, Jules resta machinalement immobile à la porte de son hôtel.
Tantôt, s'abandonnant à des idées de désespoir, il voulait fuir, quitter la France, en emportant sur son amour toutes les illusions de l'incertitude. Tantôt, ne mettant pas en doute que la lettre jetée à la poste par Clémence ne s'adressât à Ferragus, il cherchait les moyens de surprendre la réponse qu'allait y faire cet être mystérieux. Tantôt il analysait les singuliers hasards de sa vie depuis son mariage, et se demandait si la calomnie dont il

avait tiré vengeance n'était pas une vérité. Enfin, revenant à la réponse de Ferragus, il se disait ; - Mais cet homme si profondément habile, si logique dans ses moindres actes, qui voit, qui pressent, qui calcule et devine même nos pensées, Ferragus répondra-t-il ? Ne doit-il pas employer des moyens en harmonie avec sa puissance ? N'enverra-t-il pas sa réponse par quelque habile coquin, ou, peut-être, dans un écrin apporté par un honnête homme qui ne saura pas ce qu'il apporte, ou dans l'enveloppe des souliers qu'une ouvrière viendra livrer fort innocemment à ma femme ? Si Clémence et lui s'entendent ? Et il se défiait de tout, et il parcourait les champs immenses, la mer sans rivage des suppositions ; puis, après avoir flotté pendant quelque temps entre mille partis contraires, il se trouva plus fort chez lui que partout ailleurs, et résolut de veiller dans sa maison, comme un formicaleo au fond de sa volute sablonneuse.

- Fouquereau, dit-il à son concierge, je suis sorti pour tous ceux qui viendront me voir. Si quelqu'un veut parler à Madame ou lui apporte quelque chose, tu tinteras deux coups. Puis tu me montreras toutes les lettres qui seraient adressées ici, n'importe à qui !

- Ainsi, pensa-t-il en remontant dans son cabinet qui se trouvait à l'entresol, je vais au-devant des finesses de maître Ferragus. S'il envoie quelque émissaire assez rusé pour me demander afin de savoir si Madame est seule, au moins je ne serai pas joué comme un sot !

Il se colla aux vitres qui, dans son cabinet, donnaient sur la rue, et, par une dernière ruse que lui inspira la jalousie, il résolut de faire monter son premier commis dans sa voiture, et de l'envoyer à la Bourse en son lieu et place, avec une lettre pour un agent de change de ses amis, auquel il expliqua ses achats et ses ventes, en le priant de le remplacer. Il remit ses transactions les plus délicates au lendemain, se moquant de la hausse et de la baisse, et de toutes les dettes européennes. Beau privilège de l'amour ! il écrase tout, fait tout pâlir : l'autel, le trône et les grands-livres. À trois heures et demie, au moment où la Bourse est dans tout le feu des reports, des fins-courant, des primes, des fermes, etc., Monsieur Jules vit entrer dans son cabinet Fouquereau tout radieux.

- Monsieur, il vient de venir une vieille femme, mais soignée, je dis une fine mouche. Elle a demandé Monsieur, a paru contrariée de ne point le trouver, et m'a donné pour Madame une lettre que voici.

En proie à une angoisse fiévreuse, Jules décacheta la lettre ; mais il tomba bientôt dans son fauteuil tout épuisé. La lettre était un non-sens continuel, et il fallait en avoir la clef pour la lire. Elle avait été écrite en chiffres.

- Va-t'en, Fouquereau. Le concierge sortit.

- C'est un mystère plus profond que ne l'est la mer à l'endroit où la sonde s'y perd.

Ah ! c'est de l'amour ! L'amour seul est aussi sagace, aussi ingénieux que l'est ce correspondant. Mon Dieu ! je tuerai Clémence.

En ce moment une idée heureuse jaillit dans sa cervelle avec tant de force, qu'il en fut presque physiquement éclairé. Aux jours de sa laborieuse misère, avant son mariage, Jules s'était fait un ami véritable, un demi Pméja. L'excessive délicatesse avec laquelle il avait manié les susceptibilités d'un ami pauvre et modeste, le respect dont il l'avait entouré, l'ingénieuse adresse avec laquelle il l'avait noblement forcé de participer à son opulence sans le faire rougir, accrurent leur amitié. Jacquet resta fidèle à Desmarets, malgré sa fortune.

Jacquet, homme de probité, travailleur, austère en ses moeurs, avait fait lentement son chemin dans le ministère qui consomme à la fois le plus de friponnerie et le plus de probité. Employé au ministère des Affaires étrangères, il y avait en charge la partie la plus délicate des archives. Jacquet était dans le ministère une espèce de ver luisant qui jetait la lumière à ses heures sur les correspondances secrètes, en déchiffrant et classant les dépêches. Placé plus haut que le simple bourgeois, il se trouvait aux Affaires étrangères tout ce qu'il y avait de plus élevé dans les rangs subalternes, et vivait obscurément, heureux d'une obscurité qui le mettait à l'abri des revers, satisfait de payer en oboles sa dette à la patrie. Adjoint-né de sa mairie, il obtenait, en style de journal, toute la considération qui lui était due.

Grâce à Jules, sa position s'était améliorée par un bon mariage. Patriote inconnu, ministériel en fait, il se contentait de gémir, au coin du feu, sur la marche du gouvernement. Du reste, Jacquet était dans son ménage un roi débonnaire, un homme à parapluie, qui payait à sa femme une remise dont il ne profitait jamais. Enfin, pour achever la peinture de ce philosophe sans le savoir, il n'avait pas encore soupçonné, ne devait même jamais soupçonner tout le parti qu'il pouvait tirer de sa position, en ayant pour ami intime un agent de change, et connaissant tous les matins le secret de l'État. Cet homme sublime à la manière du soldat ignoré qui meurt en sauvant Napoléon par un qui vive, demeurait au ministère.

En dix minutes, Jules se trouva dans le bureau de l'archiviste, Jacquet lui avança une chaise, posa méthodiquement sur sa table son garde-vue en taffetas vert, se frotta les mains, prit sa tabatière, se leva en faisant craquer ses omoplates, se rehaussa le thorax, et dit : - Par quel hasard ici, mosieur Desmarets ? Que me veux-tu ?

- Jacquet, j'ai besoin de toi pour deviner un secret, un secret de vie et de mort.

- Cela ne concerne pas la politique ?

- Ce n'est pas à toi que je le demanderais si je voulais le savoir, dit Jules. Non, c'est une affaire de ménage sur laquelle je réclame de toi le silence le plus profond.

- Claude-Joseph Jacquet, muet par état. Tu ne me connais donc pas ? dit-il en riant. C'est ma partie, la discrétion.

Jules lui montra la lettre en lui disant : - Il faut me lire ce billet adressé à ma femme...

- Diable ! diable ! mauvaise affaire, dit Jacquet en examinant la lettre de la même manière qu'un usurier examine un effet négociable. Ah ! c'est une lettre à grille. Attends.

Il laissa Jules seul dans le cabinet, et revint assez promptement.

- Niaiserie, mon ami ! c'est écrit avec une vieille grille dont se servait l'ambassadeur de Portugal, sous Monsieur de Choiseul, lors du renvoi des Jésuites. Tiens, voici.

Jacquet superposa un papier à jour, régulièrement découpé comme une de ces dentelles que les confiseurs mettent sur leurs dragées, et Jules put alors facilement lire les phrases qui restèrent à découvert.

“N'aie plus d'inquiétudes, ma chère Clémence, notre bonheur ne sera plus troublé par personne, et ton mari déposera ses soupçons. Je ne puis t'aller voir. Quelque malade que tu sois, il faut avoir le courage de venir ; cherche, trouve des forces ; tu en puiseras dans ton amour. Mon affection pour toi m'a contraint de subir la plus cruelle des opérations, et il m'est impossible de bouger de mon lit. Quelques moxas m'ont été appliqués hier au soir à la nuque du cou, d'une épaule à l'autre, et il a fallu les laisser

brûler assez longtemps. Tu me comprends ? Mais je pensais à toi, je n'ai pas trop souffert. Pour dérouter toutes les perquisitions de Maulincour, qui ne nous persécutera plus longtemps, j'ai quitté le toit protecteur de l'ambassade, et suis à l'abri de toutes recherches, rue des Enfants-Rouges, n° 12, chez une vieille femme nommée Madame Étienne Gruget, la mère de cette Ida, qui va payer cher sa sotte incartade.
Viens-y demain, à neuf heures du matin. Je suis dans une chambre à laquelle on ne parvient que par un escalier intérieur. Demande Monsieur Camuset. À demain. Je te baise le front, ma chérie."
Jacquet regarda Jules avec une sorte de terreur honnête, qui comportait une compassion vraie, et dit son mot favori : - Diable ! diable ! sur deux tons différents.
- Cela te semble clair, n'est-ce pas ? dit Jules. Eh bien, il y a dans le fond de mon coeur une voix qui plaide pour ma femme, et qui se fait entendre plus haut que toutes les douleurs de la jalousie. Je subirai jusqu'à demain le plus horrible des supplices ; mais enfin, demain, de neuf à dix heures, je saurai tout, et je serai malheureux ou heureux pour la vie. Pense à moi, Jacquet.
- Je serai chez toi demain à onze heures. Nous irons là ensemble, et je t'attendrai, si tu le veux, dans la rue. Tu peux courir des dangers, il faut près de toi quelqu'un de dévoué qui te comprenne à demi-mot et que tu puisses employer sûrement.
Compte sur moi.
- Même pour m'aider à tuer quelqu'un ?
- Diable ! diable ! dit Jacquet vivement en répétant pour ainsi dire la même note musicale, j'ai deux enfants et une femme...
Jules serra la main de Claude Jacquet et sortit. Mais il revint précipitamment.
- J'oublie la lettre, dit-il. Puis ce n'est pas tout, il faut la recacheter.
- Diable ! diable ! tu l'as ouverte sans en prendre l'empreinte ; mais le cachet s'est heureusement assez bien fendu. Va, laisse-la-moi, je te la rapporterai secundum scripturam.
- À quelle heure ?
- À cinq heures et demie...
- Si je n'étais pas encore rentré, remets-la tout bonnement au concierge, en

lui disant de la monter à Madame.

- Me veux-tu demain ?

- Non. Adieu.

Jules arriva promptement à la place de la Rotonde-du-Temple, il y laissa son cabriolet, et vint à pied rue des Enfants Rouges où il examina la maison de Madame Étienne Gruget.

Là, devait s'éclaircir le mystère d'où dépendait le sort de tant de personnes ; là était Ferragus, et à Ferragus aboutissaient tous les fils de cette intrigue. La réunion de Madame Jules, de son mari, de cet homme, n'était-elle pas le noeud gordien de ce drame déjà sanglant, et auquel ne devait pas manquer le glaive qui dénoue les liens les plus fortement serrés ?

Cette maison était une de celles qui appartiennent au genre dit cabajoutis. Ce nom très significatif est donné par le peuple de Paris à ces maisons composées, pour ainsi dire, de pièces de rapport. C'est presque toujours ou des habitations primitivement séparées, mais réunies par les fantaisies des différents propriétaires qui les ont successivement agrandies, ou des maisons commencées, laissées, reprises, achevées ; maisons malheureuses qui ont passé, comme certains peuples, sous plusieurs dynasties de maîtres capricieux.

Ni les étages ni les fenêtres ne sont ensemble, pour emprunter à la peinture un de ses termes les plus pittoresques ; tout y jure, même les ornements extérieurs.

Le cabajoutis est à l'architecture parisienne ce que le capharnaüm est à l'appartement, un vrai fouillis où l'on a jeté pêle-mêle les choses les plus discordantes.

- Madame Étienne, demanda Jules à la portière.

Cette portière était logée sous la grande porte, dans une de ces espèces de cages à poulets, petite maison de bois montée sur des roulettes, et assez semblable à ces cabinets que la police a construits sur toutes les places de fiacres.

- Hein ? fit la portière en quittant le bas qu elle tricotait.

À Paris, les différents sujets qui concourent à la physionomie d'une portion quelconque de cette monstrueuse cité, s'harmonient admirablement avec le caractère de l'ensemble. Ainsi portier, concierge ou suisse, quel que soit le nom donné à ce muscle essentiel du monstre parisien, il est toujours conforme au quartier dont il fait partie, et souvent il le résume. Brodé sur toutes les coutures, oisif, le concierge joue sur les rentes dans le faubourg Saint-Germain, le portier a ses aises dans la Chaussée d'Antin, il lit les journaux dans le quartier de la Bourse, il a un état dans le faubourg Montmartre. La portière est une ancienne prostituée dans le quartier de la prostitution ; au Marais, elle a des moeurs, elle est revêche, elle a ses lubies.

En voyant Monsieur Jules, cette portière prit un couteau pour remuer la motte presque éteinte de sa chaufferette ; puis elle lui dit : - Vous demandez Madame Étienne, est-ce Madame Étienne Gruget ?

- Oui, dit Jules Desmarets en prenant un air presque fâché.

- Qui travaille en passementerie ?

- Oui.

- Eh bien, Monsieur, dit-elle en sortant de sa cage, mettant la main sur le bras de Monsieur Jules et le conduisant au bout d'un long boyau voûté comme une cave, vous monterez le second escalier au fond de la cour. Voyez-vous les fenêtres où il y a des géroflées ? c'est là que reste Madame Étienne.

- Merci, Madame. Croyez-vous qu'elle soit seule ?

- Mais pourquoi donc qu'elle ne serait pas seule, cette femme, elle est veuve ?

Jules monta lestement un escalier fort obscur, dont les marches avaient des callosités formées par la boue durcie qu'y laissaient les allants et les venants. Au second étage, il vit trois portes, mais point de géroflées. Heureusement, sur l'une de ces portes, la plus huileuse et la plus brune des trois, il lut ces mots écrits à la craie : Ida viendra ce soir à neuf heures. - C'est là, se dit Jules. Il tira un vieux cordon de sonnette tout noir, à pied de biche, entendit le bruit étouffé d'une sonnette fêlée et les jappements d'un petit chien asthmatique. La manière dont les sons retentissaient dans l'intérieur lui annonça un appartement encombré de choses qui n'y laissaient pas subsister le moindre écho, trait caractéristique des logements occupés par des ouvriers, par de petits ménages, auxquels la place et l'air manquent. Jules cherchait machinalement les géroflées, et finit par les trouver sur l'appui extérieur d'une croisée à coulisse, entre deux plombs empestés.

Là, des fleurs ; là, un jardin long de deux pieds, large de six pouces ; là, un grain de blé ; là, toute la vie résumée ; mais là aussi toutes les misères de la vie. En face de ces fleurs chétives et des superbes tuyaux de blé, un rayon de lumière, tombant là du ciel comme par grâce, faisait ressortir la poussière, la graisse, et je ne sais quelle couleur particulière aux taudis parisiens, mille saletés. qui encadraient, vieillissaient et tachaient les murs humides, les balustres vermoulus de l'escalier, les châssis disjoints des fenêtres, et les portes primitivement rouges. Bientôt une toux de vieille et le pas lourd d'une femme qui traînait péniblement des chaussons de lisière annoncèrent la mère d'Ida Gruget. Cette vieille ouvrit la porte, sortit sur le palier, leva la tête, et dit : - Ah ! c'est Monsieur Bocquillon. Mais non. Par exemple, comme vous ressemblez à Monsieur Bocquillon. Vous êtes son frère, peut-être. Qu'y a-t-il pour votre service ?

Entrez donc, Monsieur.

Jules suivit cette femme dans une première pièce où il vit, mais en masse, des cages, des ustensiles de ménage, des fourneaux, des meubles, de petits plats de terre pleins de pâtée ou d'eau pour le chien et les chats, une horloge de bois, des couvertures, des gravures d'Eisen, de vieux fers entassés, mêlés, confondus de manière à produire un tableau véritablement grotesque, le vrai capharnaüm parisien, auquel ne manquaient même pas quelques numéros du Constitutionnel.

Jules, dominé par une pensée de prudence, n'écouta pas la veuve Gruget, qui lui disait : - Entrez donc ici, Monsieur, vous vous chaufferez.

Craignant d'être entendu par Ferragus, Jules se demandait s'il ne valait pas mieux conclure dans cette première pièce le marché qu'il venait proposer à la vieille. Une poule qui sortit en caquetant d'une soupente le tira de sa méditation secrète.

Jules avait pris sa résolution. Il suivit alors la mère d'Ida dans la pièce à feu, où ils furent accompagnés par le petit carlin poussif, personnage muet, qui grimpa sur un vieux tabouret.

Madame Gruget avait eu toute la fatuité d'une demi-misère en parlant de chauffer son hôte. Son pot-au-feu cachait complètement deux tisons notablement disjoints. L'écumoire gisait à terre, la queue dans les cendres. Le chambranle de la cheminée, orné d'un Jésus de cire mis sous une cage carrée en verre bordé de papier bleuâtre, était encombré de laines, de bobincs ct d'outils nécessaires à la passementerie. Jules examina tous les meubles de l'appartement avec une curiosité pleine d'intérêt, et manifesta malgré lui sa secrète satisfaction.

- Eh bien, dites donc, Monsieur, est-ce que vous voulez vous arranger de mes meubles ? lui dit la veuve en s'asseyant sur un fauteuil de canne jaune qui semblait être son quartier général.

Elle y gardait à la fois son mouchoir, sa tabatière, son tricot, des légumes épluchés à moitié, des lunettes, un calendrier, des galons de livrée commencés, un jeu de cartes grasses, et deux volumes de romans, tout cela frappé en creux. Ce meuble, sur lequel cette vieille descendait le fleuve de la vie, ressemblait au sac encyclopédique que porte une femme en voyage, et où

se trouve son ménage en abrégé, depuis le portrait du mari jusqu'à de l'eau de mélisse pour les défaillances, des dragées pour les enfants, et du taffetas anglais pour les coupures.

Jules étudia tout. Il regarda fort attentivement le visage jaune de Madame Gruget, ses yeux gris, sans sourcils, dénués de cils, sa bouche démeublée, ses rides pleines de tons noirs, son bonnet de tulle roux, à ruches plus rousses encore, et ses jupons d'indienne troués, ses pantoufles usées, sa chaufferette brûlée, sa table chargée de plats et de soieries, d'ouvrages en coton, en laine, au milieu desquels s'élevait une bouteille de vin. Puis il se dit en lui-même : - Cette femme a quelque passion, quelques vices cachés, elle est à moi.

- Madame, dit-il à haute voix et en lui faisant un signe d'intelligence, je viens pour vous commander des galons... Puis il baissa la voix. - Je sais, reprit-il, que vous avez chez vous un inconnu qui prend le nom de Camuset. La vieille le regarda soudain, sans donner la moindre marque d'étonnement. - Dites, peut-il nous entendre ? Songez qu'il s'agit de votre fortune.

- Monsieur, répondit-elle, parlez sans crainte, je n'ai personne ici. Mais j'aurais quelqu'un là-haut qu'il lui serait bien impossible de vous écouter.

- Ah ! la vieille rusée, elle sait répondre en normand, se dit Jules. Nous pourrons nous accorder. - Évitez-vous la peine de mentir, Madame, reprit-il. Et d'abord, sachez bien que je ne vous veux point de mal, ni à votre locataire malade de ses moxas, ni à votre fille Ida, couturière en corsets, amie de Ferragus.

Vous le voyez, je suis au courant de tout. Rassurez-vous, je ne suis point de la police, et ne désire rien qui puisse offenser votre conscience. Une jeune dame viendra demain ici, de neuf à dix heures, pour causer avec l'ami de votre fille. Je veux être à portée de tout voir, de tout entendre, sans être ni vu ni entendu par eux. Vous m'en fournirez les moyens, et je reconnaîtrai ce service par une somme de deux mille francs une fois payée, et par six cents francs de rente viagère. Mon notaire préparera devant vous, ce soir, l'acte ; je lui remettrai votre argent, il vous le délivrera demain, après la conférence où je veux assister, et pendant laquelle j'acquerrai des preuves de votre bonne foi.

- Ça pourrait-il nuire à ma fille, mon cher Monsieur ? dit-elle en lui jetant des regards de chatte inquiète.

- En rien, Madame. Mais, d'ailleurs, il paraît que votre fille se conduit bien mal envers vous. Aimée par un homme aussi riche, aussi puissant que l'est Ferragus, il devrait lui être facile de vous rendre plus heureuse que vous ne semblez l'être.

- Ah ! mon cher Monsieur, pas seulement un pauvre billet de spectacle pour l'Ambigu ou la Gaîté où elle va comme elle veut.

C'est une indignité ! Une fille pour qui j'ai vendu mes couverts d'argent, que je mange maintenant, à mon âge, dedans du métal allemand, pour lui payer son apprentissage, et lui donner un état où elle ferait de l'or, si elle voulait. Car, pour ça, elle tient de moi, elle est adroite comme une fée, c'est une justice à lui rendre. Enfin, elle pourrait bien me repasser ses vieilles robes de soie, moi qu'aime tant à porter de la soie.

Non, Monsieur, elle va au Cadran-Bleu, dîner à cinquante francs par tête, roule en voiture comme une princesse, et se moque de sa mère comme de Colin-Tampon. Dieu de Dieu ! que jeunesse incohérente que celle que nous avons faite, c'est pas notre plus bel éloge. Une mère, Monsieur, qu'est bonne mère, car j'ai caché ses inconséquences, et je l'ai toujours eue dans mon giron à m'ôter le pain de la bouche, et lui fourrer tout. Eh bien, non. Ça vient, ça vous câline, ça vous dit : - Bonjour, ma mère. Et voilà leurs devoirs remplis envers l'auteur de ses jours. Va comme je te pousse.

Mais elle aura des enfants, un jour ou l'autre, et elle verra ce que c'est que cette mauvaise marchandise-là, qu'on aime tout de même.

- Comment ! elle ne fait rien pour vous ?

- Ah ! rien, non, Monsieur, je ne dis pas cela, si elle ne faisait rien, ce serait par trop peu de chose. Elle me paye mon loyer, elle me donne du bois, et trente-six francs par mois... Mais, Monsieur, est-ce qu'à mon âge, cinquante-deux ans, avec des yeux qui me tirent le soir, je devrais encore travailler ? D'ailleurs, pourquoi ne veut-elle pas de moi ? Je lui fais-t-y honte ? qu'elle le dise tout de suite. En vérité, faudrait s'enterrer pour ces chiens d'enfants qui vous ont oublié rien que le temps de fermer la porte.

Elle tira son mouchoir de sa poche, et amena un billet de loterie qui tomba par terre ; mais elle le ramassa promptement en disant : - Quien ! c'est ma quittance de mes impositions.

Jules devina soudain la cause de la sage parcimonie dont se plaignait la mère, et il n'en fut que plus certain de l'acquiescement de la veuve Gruget au marché proposé.

- Eh bien, Madame, dit-il, acceptez alors ce que je vous offre.

- Vous disiez donc, Monsieur, deux mille francs de comptant, et six cents francs de viager ?

- Madame, j'ai changé d'avis, et vous promets seulement trois cents francs de rente viagère. L'affaire, ainsi faite, me paraît plus convenable à mes intérêts. Mais je vous donnerai cinq mille francs d'argent comptant. N'aimez-vous pas mieux cela ?

- Dame, oui, Monsieur.

- Vous aurez plus d'aisance, et vous irez à l'Ambigu-Comique, chez Franconi, partout, à votre aise, en fiacre.

- Ah ! je n'aime point Franconi, rapport à ce qu'on n'y parle pas. Mais, Monsieur, si j'accepte, c'est que ça sera bien avantageux à mon enfant. Enfin, je ne serai plus à ses crochets. Pauvre petite, après tout, je ne lui en veux point de ce qu'elle a du plaisir. Monsieur, faut que jeunesse s'amuse ! et donc ! Si vous m'assureriez que je ne ferai de tort à personne...

- À personne, répéta Jules. Mais voyons, comment allez-vous vous y prendre ?

- Eh bien, Monsieur, en donnant ce soir à Monsieur Ferragus une petite infusion de têtes de pavots, il dormira bien, le cher homme ! Et il en a bon besoin, rapport à ses souffrances, car il souffre, que c'est une pitié. Mais aussi, demandez-moi ce que c'est que cette invention à un homme sain de se brûler le dos pour s'ôter un tic douloureux qui ne le tourmente que tous les deux ans.

Pour en revenir à notre affaire, j'ai la clef de ma voisine, dont le logement est au-dessus du mien, et qui a une pièce mur mitoyen avec celle où couche Monsieur Ferragus. Elle est à la campagne pour dix jours. Et donc, en faisant faire un trou, pendant la nuit, au mur de séparation, vous les entendrez et les verrez à votre aise. Je suis intime avec un serrurier, un bien aimable homme, qui raconte comme un ange, et fera cela pour moi, ni vu, ni connu.

- Voilà cent francs pour lui, soyez ce soir chez Monsieur Desmarets, un notaire dont voici l'adresse. À neuf heures l'acte sera prêt, mais... motus.

- Suffit, Monsieur, comme vous dites, motus ! Au revoir, Monsieur.

Jules revint chez lui, presque calmé par la certitude où il était de tout savoir le lendemain. En arrivant, il trouva chez son portier la lettre parfaitement bien recachetée.

- Comment te portes-tu ? dit-il à sa femme malgré l'espèce de froid qui les séparait.

Les habitudes de coeur sont si difficiles à quitter !

- Assez bien. Jules, reprit-elle d'une voix coquette, veux-tu dîner près de moi ?

- Oui, répondit-il en apportant la lettre, tiens, voici ce que Fouquereau m'a remis pour toi.

Clémence, qui était pâle, rougit extrêmement en apercevant la lettre, et cette rougeur subite causa la plus vive douleur à son mari.

- Est-ce de la joie, dit-il en riant, est-ce un effet de l'attente ?

- Oh ! il y a bien des choses, dit-elle en regardant le cachet.

- Je vous laisse, Madame.

Et il descendit dans son cabinet, où il écrivit à son frère ses intentions relatives à la constitution de la rente viagère destinée à la veuve Gruget. Quand il revint, il trouva son dîner préparé sur une petite table, près du lit de Clémence, et Joséphine prête à servir.

- Si j'étais debout, avec quel plaisir je te servirais ! dit-elle quand Joséphine les eut laissés seuls. Oh ! même à genoux, reprit-elle en passant ses mains pâles dans la chevelure de Jules.

Cher noble coeur, tu as été bien gracieux et bien bon pour moi tout à l'heure. Tu m'as fait là plus de bien, par ta confiance, que tous les médecins de la terre ne pourraient m'en faire par leur ordonnance. Ta délicatesse de femme, car tu sais aimer comme une femme, toi... eh bien, elle a répandu dans mon âme je ne sais quel baume qui m'a presque guérie. Il y a trêve, Jules, avance ta tête, que je la baise.

Jules ne put se refuser au plaisir d'embrasser Clémence. Mais ce ne fut pas sans une sorte de remords au coeur, il se trouvait petit devant cette femme qu'il était toujours tenté de croire innocente. Elle avait une sorte de joie triste. Une chaste espérance brillait sur son visage à travers l'expression de ses chagrins. Ils semblaient également malheureux d'être obligés de se tromper l'un l'autre, et encore une caresse, ils allaient tout s'avouer, ne résistant pas à leurs douleurs.

- Demain soir, Clémence.

- Non, Monsieur, demain à midi, vous saurez tout, et vous vous agenouillerez devant votre femme. Oh ! non, tu ne t'humilieras pas, non, tu es tout pardonné ; non, tu n'as pas de torts.

Écoute : hier, tu m'as bien rudement brisée ; mais ma vie n'aurait peut-être pas été complète sans cette angoisse, ce sera une ombre qui fera valoir des jours célestes.

- Tu m'ensorcelles, s'écria Jules, et tu me donnerais des remords.

- Pauvre ami, la destinée est plus haute que nous, et je ne suis pas complice de ma destinée. Je sortirai demain.

- À quelle heure ? demanda Jules.

- À neuf heures et demie.

- Clémence, répondit Monsieur Desmarets, prends bien des précautions, consulte le docteur Desplein et le vieil Haudry.

- Je ne consulterai que mon coeur et mon courage.

- Je te laisse libre, et ne viendrai te voir qu'à midi.

- Tu ne me tiendras pas un peu compagnie ce soir, je ne suis plus souffrante ?...

Après avoir terminé ses affaires, Jules revint près de sa femme, ramené par une attraction invincible. Sa passion était plus forte que toutes ses douleurs.

IV

OÙ ALLER MOURIR ?

Le lendemain, vers neuf heures, Jules s'échappa de chez lui, courut à la rue des Enfants-Rouges, monta, et sonna chez la veuve Gruget.
- Ah ! vous êtes de parole, exact comme l'aurore. Entrez donc, Monsieur, lui dit la vieille passementière en le reconnaissant. Je vous ai apprêté une tasse de café à la crème, au cas où.., reprit-elle quand la porte fut fermée. Ah ! de la vraie crème, un petit pot que j'ai vu traire moi-même à la vacherie que nous avons dans le marché des Enfants-Rouges.
- Merci, Madame, non, rien. Menez-moi...
- Bien, bien, mon cher Monsieur. Venez par ici.
La veuve conduisit Jules dans une chambre située au-dessus de la sienne, et où elle lui montra, triomphalement, une ouverture grande comme une pièce de quarante sous, pratiquée pendant la nuit à une place correspondant aux rosaces les plus hautes et les plus obscures du papier tendu dans la chambre de Ferragus. Cette ouverture se trouvait, dans l'une et l'autre pièce, au-dessus d'une armoire. Les légers dégâts faits par le serrurier n'avaient donc laissé de traces d'aucun côté du mur, et il était fort difficile d'apercevoir dans l'ombre cette espèce de meurtrière. Aussi Jules fut-il obligé, pour se maintenir là, et pour y bien voir, de rester dans une position assez fatigante, en se perchant sur un marchepied que la veuve Gruget avait eu soin d'apporter.
- Il est avec un Monsieur, dit la vieille en se retirant.
Jules aperçut en effet un homme occupé à panser un cordon de plaies, produites par une certainc quantité dc brûlures pratiquées sur les épaules de Ferragus, dont il reconnut la tête, d'après la description que lui en avait faite Monsieur de Maulincour.
- Quand crois-tu que je serai guéri ? demandait-il. - Je ne sais, répondit l'inconnu ; mais, au dire des médecins, il faudra bien encore sept ou huit pansements.

- Eh bien, à ce soir, dit Ferragus en tendant la main à celui qui venait de poser la dernière bande de l'appareil.
- À ce soir, répondit l'inconnu en serrant cordialement la main de Ferragus. Je voudrais te voir quitte de tes souffrances.
- Enfin, les papiers de Monsieur de Funcal nous seront remis demain et Henri Bourignard est bien mort, reprit Ferragus. Les deux fatales lettres qui nous ont coûté si cher n'existent plus. Je redeviendrai donc quelque chose de social, un homme parmi les hommes, et je vaux bien le marin qu'ont mangé les poissons.
Dieu sait si c'est pour moi que je me fais comte !
- Pauvre Gratien, toi, notre plus forte tête, notre frère chéri, tu es le benjamin de la bande ; tu le sais.
- Adieu ! surveillez bien mon Maulincour.
- Sois en paix sur ce point.
- Hé, marquis ? cria le vieux forçat.
- Quoi ?
- Ida est capable de tout, après la scène d'hier au soir.
Si elle s'est jetée à l'eau, je ne la repêcherai certes pas, elle gardera bien mieux le secret de mon nom, le seul qu'elle possède ; mais surveille-la ; car après tout, c'est une bonne fille.
- Bien.
L'inconnu se retira. Dix minutes après, Monsieur Jules n'entendit pas sans avoir un frisson de fièvre le bruissement particulier aux robes de soie, et reconnut presque le bruit des pas de sa femme.
- Eh bien, mon père, dit Clémence. Pauvre père, comment allez-vous ? Quel courage !
- Viens, mon enfant, répondit Ferragus en lui tendant la main.
Et Clémence lui présenta son front, qu'il embrassa.
- Voyons, qu'as-tu, pauvre petite ? Quels chagrins nouveaux...
- Des chagrins, mon père, mais c'est la mort de votre fille que vous aimez tant. Comme je vous l'écrivais hier, il faut absolument que dans votre tête, si fertile en idées, vous trouviez le moyen de voir mon pauvre Jules, aujourd'hui même. Si vous saviez comme il a été bon pour moi, malgré des soupçons, en apparence, si légitimes ! Mon père, mon amour c'est ma vie. Voulez-vous me voir mourir ? Ah ! j'ai déjà bien souffert ! et, je le sens,

ma vie est en danger.

- Te perdre, ma fille, dit Ferragus, te perdre par la curiosité d'un misérable Parisien ! Je brûlerais Paris. Ah ! tu sais ce qu'est un amant, mais tu ne sais pas ce qu'est un père.

- Mon père, vous m'effrayez quand vous me regardez ainsi.

Ne mettez pas en balance deux sentiments si différents. J'avais un époux avant de savoir que mon père était vivant...

- Si ton mari a mis, le premier, des baisers sur ton front, répondit Ferragus, moi, le premier, j'y ai mis des larmes... Rassure-toi, Clémence, parle à coeur ouvert. Je t'aime assez pour être heureux de savoir que tu es heureuse, quoique ton père ne soit presque rien dans ton coeur, tandis que tu remplis le sien.

- Mon Dieu, de semblables paroles me font trop de bien !

Vous vous faites aimer davantage, et il me semble que c'est voler quelque chose à Jules. Mais, mon bon père, songez donc qu'il est au désespoir. Que lui dire dans deux heures ?

- Enfant, ai-je donc attendu ta lettre pour te sauver du malheur qui te menace ? Et que deviennent ceux qui s'avisent de toucher à ton bonheur, ou de se mettre entre nous ? N'as-tu donc jamais reconnu la seconde providence qui veille sur toi ?

Tu ne sais pas que douze hommes pleins de force et d'intelligence forment un cortège autour de ton amour et de ta vie, prêts à tout pour votre conservation ? Est-ce un père qui risquait la mort en allant te voir aux promenades, ou en venant t'admirer dans ton petit lit chez ta mère, pendant la nuit ? est-ce le père auquel un souvenir de tes caresses d'enfant a seul donné la force de vivre, au moment où un homme d'honneur devait se tuer pour échapper à l'infamie ? Est-ce moi enfin, moi qui ne respire que par ta bouche, moi qui ne vois que par tes yeux, moi qui ne sens que par ton coeur, est-ce

moi qui ne saurais pas défendre avec des ongles de lion, avec l'âme d'un père, mon seul bien, ma vie, ma fille ?... Mais, depuis la mort de cet ange qui fut ta mère, je n'ai rêvé qu'à une seule chose, au bonheur de t'avouer pour ma fille, de te serrer dans mes bras à la face du ciel et de la terre, à tuer le forçat... Il y eut là une légère pause... À te donner un père, reprit-il, à pouvoir presser sans honte la main de ton mari, à vivre sans crainte dans

vos coeurs, à dire à tout le monde en te voyant : “Voilà mon enfant !” enfin à être père à mon aise !
- Ô mon père, mon père !
- Après bien des peines, après avoir fouillé le globe, dit Ferragus en continuant, mes amis m'ont trouvé une peau d'homme à endosser. Je vais être d'ici à quelques jours Monsieur de Funcal, un comte portugais. Va, ma chère fille, il y a peu d'hommes qui puissent à mon âge avoir la patience d'apprendre le portugais et l'anglais, que ce diable de marin savait parfaitement.
- Mon cher père !
- Tout a été prévu, et d'ici à quelques jours Sa Majesté Jean VI, roi de Portugal, sera mon complice. Il ne te faut donc qu'un peu de patience là où ton père en a eu beaucoup. Mais moi, c'était tout simple. Que ne ferais-je pas pour récompenser ton dévouement pendant ces trois années ! Venir si religieusement consoler ton vieux père, risquer ton bonheur !
- Mon père ! Et Clémence prit les mains de Ferragus, et les baisa.
- Allons, encore un peu de courage, ma Clémence, gardons le fatal secret jusqu'au bout. Ce n'est pas un homme ordinaire que Jules ; mais cependant savons-nous si son grand caractère et son extrême amour ne détermineraient pas une sorte de mésestime pour la fille d'un...
- Oh ! s'écria Clémence, vous avez lu dans le coeur de votre enfant, je n'ai pas d'autre peur, ajouta-t-elle d'un ton déchirant.
C'est une pensée qui me glace. Mais, mon père, songez que je lui ai promis la vérité dans deux heures.
- Eh bien, ma fille, dis-lui qu'il aille à l'ambassade de Portugal, voir le comte de Funcal, ton père, j'y serai.
- Et Monsieur de Maulincour qui lui a parlé de Ferragus ?
Mon Dieu, mon père, tromper, tromper, quel supplice !
- À qui le dis-tu ? Mais encore quelques jours, et il n'existera pas un homme qui puisse me démentir. D'ailleurs, Monsieur de Maulincour doit être hors d'état de se souvenir... Voyons, folle, sèche tes larmes, et songe...
En ce moment, un cri terrible retentit dans la chambre où était Monsieur Jules Desmarets.
- Ma fille, ma pauvre fille !
Cette clameur passa par la légère ouverture pratiquée au dessus de

l'armoire, et frappa de terreur Ferragus et Madame Jules.

- Va voir ce que c'est, Clémence.

Clémence descendit avec rapidité le petit escalier, trouva toute grande ouverte la porte de l'appartement de Madame Gruget, entendit les cris qui retentissaient dans l'étage supérieur, monta l'escalier, vint, attirée par le bruit des sanglots, jusque dans la chambre fatale, où, avant d'entrer, ces mots parvinrent à son oreille : - C'est vous, Monsieur, avec vos imaginations, qui êtes cause de sa mort.

- Taisez-vous, misérable, disait Jules en mettant son mouchoir sur la bouche de la veuve Gruget, qui cria : - À l'assassin ! au secours !

En ce moment, Clémence entra, vit son mari, poussa un cri et s'enfuit.

- Qui sauvera ma fille ? demanda la veuve Gruget après une longue pause. Vous l'avez assassinée.

- Et comment ? demanda machinalement Monsieur Jules stupéfait d'avoir été reconnu par sa femme.

- Lisez, Monsieur, cria la vieille en fondant en larmes. Y a-t-il des rentes qui puissent consoler de cela ?

“Adieu, ma mère ! je te lege tout ce que j'é. Je te demande pardon de mes fotes et du dernié chagrin que je te donne en mettant fain à mes jours. Henry, que j'aime plus que moi-même, m'a dit que je faisai son malheure, et puisqu'il m'a repoussé de lui, et que j'ai perdu toutes mes espairence d'établiceman, je vai me noyer. J'irai au-dessous de Neuilly pour n'être point mise à la morgue. Si Henry ne me hait plus après que je m'ai puni par la mor, prie le de faire enterrer une povre fille dont le coeur n'a battu que pour lui, et qu'il me pardonne, car j'ai eu tort de me mélair de ce qui ne me regardai pas. Panse-lui bien ses moqça. Comme il a souffert ce povre cha. Mais j'orai pour me détruir le couraje qu'il a eu pour se faire brulai. Fais porter les corsets finis chez mes pratiques. Et prie Dieu pour votre fille.

IDA.”

- Portez cette lettre à Monsieur de Funcal, celui qui est là.

S'il en est encore temps, lui seul peut sauver votre fille.

Et Jules disparut en se sauvant comme un homme qui aurait commis un crime. Ses jambes tremblaient. Son coeur élargi recevait des flots de sang plus chauds, plus copieux qu'en aucun moment de sa vie, et les renvoyait avec une force inaccoutumée.

Les idées les plus contradictoires se combattaient dans son esprit, et cependant une pensée les dominait toutes. Il n'avait pas été loyal avec la personne qu'il aimait le plus, et il lui était impossible de transiger avec sa conscience dont la voix, grossissant en raison du forfait, correspondait aux cris intimes de sa passion, pendant les plus cruelles heures de doute qui l'avaient agité précédemment. Il resta durant une grande partie de la journée errant dans Paris et n'osant pas rentrer chez lui.

Cet homme probe tremblait de rencontrer le front irréprochable de cette femme méconnue. Les crimes sont en raison de la pureté des consciences, et le fait qui, pour tel coeur, est à peine une faute dans la vie, prend les proportions d'un crime pour certaines âmes candides. Le mot de candeur n'a-t-il pas en effet une céleste portée ? Et la plus légère souillure empreinte au blanc vêtement d'une vierge n'en fait-elle pas quelque chose d'ignoble, autant que le sont les haillons d'un mendiant ? Entre ces deux choses, la seule différence n'est que celle du malheur à la faute. Dieu ne mesure jamais le repentir, il ne le scinde pas, et il en faut autant pour effacer une tache que pour lui faire oublier toute une vie, ces réflexions pesaient de tout leur poids sur

Jules, car les passions ne pardonnent pas plus que les lois humaines, et elles raisonnent plus juste : ne s'appuient-elles pas sur une conscience à elles, infaillible comme l'est un instinct ?

Désespéré, Jules rentra chez lui, pâle, écrasé sous le sentiment de ses torts, mais exprimant, malgré lui, la joie que lui causait l'innocence de sa femme. Il entra chez elle tout palpitant, il la vit couchée, elle avait la fièvre, il vint s'asseoir près du lit, lui prit la main, la baisa, la couvrit de ses larmes.

- Cher ange, lui dit-il quand ils furent seuls, c'est du repentir.

- Et de quoi ? reprit-elle.

En disant cette parole, elle inclina la tête sur son oreiller, ferma les yeux et resta immobile, gardant le secret de ses souffrances pour ne pas effrayer son mari : délicatesse de mère, délicatesse d'ange, c'était toute la femme dans un mot. Le silence dura longtemps. Jules, croyant Clémence endormie, alla questionner Joséphine sur l'état de sa maîtresse.

- Madame est rentrée à demi morte, Monsieur. Nous sommes allés chercher Monsieur Haudry.

- Est-il venu ? qu'a-t-il dit ?

- Rien, Monsieur. Il n'a pas paru content, a ordonné de ne laisser personne auprès de Madame, excepté la garde, et il a dit qu'il reviendrait pendant la soirée.

Monsieur Jules rentra doucement chez sa femme, se mit dans un fauteuil, et resta devant le lit, immobile, les yeux attachés sur les yeux de Clémence ; quand elle soulevait ses paupières, elle le voyait aussitôt, et il s'échappait d'entre ses cils douloureux un regard tendre, plein de passion, exempt de reproche et d'amertume, un regard qui tombait comme un trait de feu sur le coeur de ce mari noblement absous et toujours aimé par cette créature qu'il tuait. La mort était entre eux un pressentiment qui les frappait également. Leurs regards s'unissaient dans une même angoisse, comme leurs coeurs s'unissaient jadis dans un même amour, également senti, également partagé. Point de questions, mais d'horribles certitudes, chez la femme, générosité parfaite ; chez le mari, remords affreux ; puis, dans les deux âmes, une même vision du dénouement, un même sentiment de la fatalité.

Il y eut un moment où, croyant sa femme endormie, Jules la baisa doucement au front, et dit après l'avoir longtemps contemplée : - Mon Dieu, laisse-moi cet ange encore assez de temps pour que je m'absolve moi-même de mes torts par une longue adoration... Fille, elle est sublime ; femme, quel mot pourrait la qualifier ?

Clémence leva les yeux, ils étaient pleins de larmes.

- Tu me fais mal, dit-elle d'un son de voix faible.

La soirée était avancée, le docteur Haudry vint, et pria le mari de se retirer pendant sa visite. Quand il sortit, Jules ne lui fit pas une seule question, il n'eut besoin que d'un geste.

- Appelez en consultation ceux de mes confrères en qui vous aurez le plus de confiance, je puis avoir tort.

- Mais, docteur, dites-moi la vérité. Je suis homme, je saurai l'entendre ; et j'ai d'ailleurs le plus grand intérêt à la connaître pour régler certains comptes...

- Madame Jules est frappée à mort, répondit le médecin. Il y a une maladie morale qui a fait des progrès et qui complique sa situation physique, déjà si dangereuse, mais rendue plus grave encore par des imprudences : se lever pieds nus la nuit ; sortir quand je l'avais défendu ; sortir hier à pied,

aujourd'hui en voiture. Elle a voulu se tuer. Cependant mon arrêt n'est pas irrévocable, il y a de la jeunesse, une force nerveuse étonnante...
Il faudrait risquer le tout pour le tout par quelque réactif violent ; mais je ne prendrai jamais sur moi de l'ordonner, je ne le conseillerais même pas ; et, en consultation, je m'opposerais à son emploi.
Jules rentra. Pendant onze jours et onze nuits, il resta près du lit de sa femme, ne prenant de sommeil que pendant le jour, la tête appuyée sur le pied de ce lit. Jamais aucun homme ne poussa plus loin que Jules la jalousie des soins et l'ambition du dévouement. Il ne souffrait pas que l'on rendît le plus léger service à sa femme ; il lui tenait toujours la main, et semblait ainsi vouloir lui communiquer de la vie. Il y eut des incertitudes, de fausses joies, de bonnes journées, un mieux, des crises, enfin les horribles nutations de la Mort qui hésite, qui balance, mais qui frappe. Madame Jules trouvait toujours la force de sourire à son mari ; elle le plaignait, sachant que bientôt il serait seul.
C'était une double agonie, celle de la vie, celle de l'amour ; mais la vie s'en allait faible et l'amour allait grandissant. Il y eut une nuit affreuse, celle où Clémence éprouva ce délire qui précède toujours la mort chez les créatures jeunes.
Elle parla de son amour heureux, elle parla de son père, elle raconta les révélations de sa mère au lit de mort, et les obligations qu'elle lui avait imposées. Elle se débattait, non pas avec la vie, mais avec sa passion, qu'elle ne voulait pas quitter.
- Faites, mon Dieu, dit-elle, qu'il ne sache pas que je voudrais le voir mourir avec moi.
Jules, ne pouvant soutenir ce spectacle, était en ce moment dans le salon voisin, et n'entendit pas des voeux auxquels il eût obéi.
Quand la crise fut passée, Madame Jules retrouva des forces.
Le lendemain, elle redevint belle, tranquille ; elle causa, elle avait de l'espoir, elle se para comme se parent les malades. Puis elle voulut être seule pendant toute la journée, et renvoya son mari par une de ces prières faites avec tant d'instances, qu'elles sont exaucées comme on exauce les prières des enfants. D'ailleurs, Monsieur Jules avait besoin de cette journée. Il alla chez Monsieur de Maulincour, afin de réclamer de lui le duel à mort convenu naguère entre eux. Il ne parvint pas sans de grandes

difficultés jusqu'à l'auteur de cette infortune ; mais, en apprenant qu'il s'agissait d'une affaire d'honneur, le vidame obéit aux préjugés qui avaient toujours gouverné sa vie, et introduisit Jules auprès du baron. Monsieur Desmarets chercha le baron de Maulincour.

- Oh ! c'est bien lui, dit le commandeur en montrant un homme assis dans un fauteuil au coin du jeu.

- Qui, Jules ? dit le mourant d'une voix cassée.

Auguste avait perdu la seule qualité qui nous fasse vivre, la mémoire. À cet aspect, Monsieur Desmarets recula d'horreur.

Il ne pouvait reconnaître l'élégant jeune homme dans une chose sans nom en aucun langage, suivant le mot de Bossuet, c'était en effet un cadavre à cheveux blancs ; des os à peine couverts par une peau ridée, flétrie, desséchée ; des yeux blancs et sans mouvement ; une bouche hideusement entrouverte, comme le sont celles des fous ou celles des débauchés tués par leurs excès.

Aucune trace d'intelligence n'existait plus ni sur le front, ni dans aucun trait ; de même qu'il n'y avait plus, dans sa carnation molle, ni rougeur, ni apparence de circulation sanguine. Enfin, c'était un homme rapetissé, dissous, arrivé à l'état dans lequel sont ces monstres conservés au Muséum, dans les bocaux où ils flottent au milieu de l'alcool. Jules crut voir au-dessus de ce visage la terrible tête de Ferragus, et cette complète Vengeance épouvanta la Haine. Le mari se trouva de la pitié dans le coeur pour le douteux débris de ce qui avait été naguère un jeune homme.

- Le duel a eu lieu, dit le commandeur.

- Monsieur a tué bien du monde, s'écria douloureusement Jules.

- Et des personnes bien chères, ajouta le vieillard. Sa grand mère meurt de chagrin, et je la suivrai peut-être dans la tombe.

Le lendemain de cette visite, Madame Jules empira d'heure en heure. Elle profita d'un moment de force pour prendre une lettre sous son chevet, la présenta vivement à Jules, et lui fit un signe facile à comprendre. Elle voulait lui donner dans un baiser son dernier souffle de vie, il le prit, et elle mourut. Jules tomba demi-mort, et fut emporté chez son frère.

Là, comme il déplorait, au milieu de ses larmes et de son délire, l'absence qu'il avait faite la veille, son frère lui apprit que cette séparation était vivement désirée par Clémence, qui n'avait pas voulu le rendre témoin de

l'appareil religieux, si terrible aux imaginations tendres, et que l'Église déploie en conférant aux moribonds les derniers sacrements.
- Tu n'y aurais pas résisté, lui dit son frère. Je n'ai pu moi même soutenir ce spectacle et tous tes gens fondaient en larmes.
Clémence était comme une sainte. Elle avait pris de la force pour nous faire ses adieux, et cette voix, entendue pour la dernière fois, déchirait le coeur. Quand elle a demandé pardon des chagrins involontaires qu'elle pouvait avoir donnés à ceux qui l'avaient servie, il y a eu un cri mêlé de sanglots, un cri...
- Assez, dit Jules, assez.
Il voulut être seul pour lire les dernières pensées de cette femme que le monde avait admirée, et qui avait passé comme une fleur.
“Mon bien-aimé, ceci est mon testament. Pourquoi ne ferait on pas des testaments pour les trésors du coeur, comme pour les autres biens ? Mon amour, n'était-ce pas tout mon bien ? je veux ici ne m'occuper que de mon amour : il fut toute la fortune de ta Clémence, et tout ce qu'elle peut te laisser en mourant.
Jules, je suis encore aimée, je meurs heureuse. Les médecins expliquent ma mort à leur manière, moi seule en connais la véritable cause. Je te la dirai, quelque peine qu'elle puisse te faire.
Je ne voudrais pas emporter dans un coeur tout à toi quelque secret qui ne te fût pas dit, alors que je meurs victime d'une discrétion nécessaire.
“Jules, j'ai été nourrie, élevée dans la plus profonde solitude, loin des vices et des mensonges du monde, par l'aimable femme que tu as connue. La société rendait justice à ses qualités de convention, par lesquelles une femme plaît à la société ; mais moi, j'ai secrètement joui d'une âme céleste, et j'ai pu chérir la mère qui faisait de mon enfance une joie sans amertume, en sachant bien pourquoi je la chérissais. N'était-ce pas aimer doublement ? Oui, je l'aimais, je la craignais, je la respectais, et rien ne me pesait au coeur, ni le respect, ni la crainte. J'étais tout pour elle, elle était tout pour moi. Pendant dix-neuf années, pleinement heureuses, insouciantes, mon âme, solitaire au milieu du monde qui grondait autour de moi, n'a réfléchi que la plus pure image, celle de ma mère, et mon coeur n'a battu que par elle ou pour elle. J'étais scrupuleusement pieuse, et me plaisais à demeurer pure devant Dieu. Ma mère cultivait en moi tous les sentiments nobles et

fiers. Ah ! j'ai plaisir à te l'avouer, Jules, je sais maintenant que j'ai été jeune fille, que je suis venue à toi vierge de coeur. Quand je suis sortie de cette profonde solitude ; quand, pour la première fois, j'ai lissé mes cheveux en les ornant d'une couronne de fleurs d'amandier ; quand j'ai complaisamment ajouté quelques noeuds de satin à ma robe blanche, en songeant au monde que j'allais voir, et que j'étais curieuse de voir ; eh bien, Jules, cette innocente et modeste coquetterie a été faite pour toi, car, à mon entrée dans le monde, je t'ai vu, toi, le premier.

Ta figure, je l'ai remarquée, elle tranchait sur toutes les autres ; ta personne m'a plu ; ta voix et tes manières m'ont inspiré de favorables pressentiments ; et, quand tu es venu, que tu m'as parlé, la rougeur sur le front, que ta voix a tremblé, ce moment m'a donné des souvenirs dont je palpite encore en t'écrivant aujourd'hui, que j'y songe pour la dernière fois. Notre amour a été d'abord la plus vive des sympathies, mais il fut bientôt mutuellement deviné ; puis, aussitôt partagé, comme depuis nous en avons également ressenti les innombrables plaisirs. Dès lors, ma mère ne fut plus qu'en second dans mon coeur. Je le lui disais, et elle souriait, l'adorable femme ! Puis, j'ai été à toi, toute à toi. Voilà ma vie, toute ma vie, mon cher époux. Et voici ce qui me reste à te dire. Un soir, quelques jours avant sa mort, ma mère m'a révélé le secret de sa vie, non sans verser des larmes brûlantes. Je t'ai bien mieux aimé, quand j'appris, avant le prêtre chargé d'absoudre ma mère, qu'il existait des passions condamnées par le monde et par l'Église. Mais, certes, Dieu ne doit pas être sévère quand elles sont le péché d'âmes aussi tendres que l'était celle de ma mère ; seulement, cet ange ne pouvait se résoudre au repentir.

Elle aimait bien, Jules, elle était tout amour. Aussi ai-je prié tous les jours pour elle, sans la juger. Alors je connus la cause de sa vive tendresse maternelle ; alors je sus qu'il y avait dans Paris un homme de qui j'étais toute la vie, tout l'amour ; que ta fortune était son ouvrage et qu'il t'aimait ; qu'il était exilé de la société, qu'il portait un nom flétri, qu'il en était plus malheureux pour moi, pour nous, que pour lui-même.

Ma mère était toute sa consolation, et ma mère mourait, je promis de la remplacer.

Dans toute l'ardeur d'une âme dont rien n'avait faussé les sentiments, je ne vis que le bonheur d'adoucir l'amertume qui chagrinait les derniers

moments de ma mère, et je m'engageai donc à continuer cette oeuvre de charité secrète, la charité du coeur.
La première fois que j'aperçus mon père, ce fut auprès du lit où ma mère venait d'expirer ; quand il releva ses yeux pleins de larmes, ce fut pour retrouver en moi toutes ses espérances mortes. J'avais juré, non pas de mentir, mais de garder le silence, et ce silence, quelle femme l'aurait rompu ? Là est ma faute, Jules, une faute expiée par la mort. J'ai douté de toi. Mais la crainte est si naturelle à la femme, et surtout à la femme qui sait tout ce qu'elle peut perdre. J'ai tremblé pour mon amour.
Le secret de mon père me parut être la mort de mon bonheur, et plus j'aimais, plus j'avais peur. Je n'osais avouer ce sentiment à mon père ; c'eût été le blesser, et dans sa situation, toute blessure était vive. Mais lui, sans me le dire, il partageait mes craintes, ce coeur tout paternel tremblait pour mon bonheur autant que je tremblais moi-même, et n'osait parler, obéissant à la même délicatesse qui me rendait muette. Oui, Jules, j'ai cru que tu pourrais un jour ne plus aimer la fille de Gratien, autant que tu aimais ta Clémence. Sans cette profonde terreur, t'aurais-je caché quelque chose, à toi qui étais même tout entier dans ce repli de mon coeur ? Le jour où cet odieux, ce malheureux officier t'a parlé, j'ai été forcée de mentir, ce jour j'ai pour la seconde fois
de ma vie connu la douleur, et cette douleur a été croissante jusqu'en ce moment où je t'entretiens pour la dernière fois. Qu'importe maintenant la situation de mon père ?
Tu sais tout. J'aurais, à l'aide de mon amour, vaincu la maladie, supporté toutes les souffrances, mais je ne saurais étouffer la voix du doute. N'est-il pas possible que mon origine altère la pureté de ton amour, l'affaiblisse, le diminue ? cette crainte, rien ne peut la détruire en moi. Telle est, Jules, la cause de ma mort. Je ne saurais vivre en redoutant un mot, un regard ; un mot que tu ne diras peut-être jamais, un regard qui ne t'échappera point ; mais que veux-tu ? je les crains. Je meurs aimée, voilà ma consolation. J'ai su que, depuis quatre ans, mon père et ses amis ont presque remué le monde, pour mentir au monde.
Afin de me donner un état, ils ont acheté un mort, une réputation, une fortune, tout cela pour faire revivre un vivant, tout cela pour toi, pour nous. Nous ne devions rien en savoir. Eh bien, ma mort épargnera sans doute ce

mensonge à mon père, il mourra de ma mort. Adieu donc, Jules, mon coeur est ici tout entier. T'exprimer mon amour dans l'innocence de sa terreur, n'est-ce pas te laisser toute mon âme ? Je n'aurais pas eu la force de te parler, j'ai eu celle de t'écrire. Je viens de confesser à Dieu les fautes de ma vie ; j'ai bien promis de ne plus m'occuper que du roi des cieux ; mais je n'ai pu résister au plaisir de me confesser aussi à celui qui, pour moi, est tout sur la terre.

Hélas ! qui ne me le pardonnerait, ce dernier soupir, entre la vie qui fut et la vie qui va être ? Adieu donc, mon Jules aimé ; je vais à Dieu, près de qui l'amour est toujours sans nuages, près de qui tu viendras un jour.

Là, sous son trône, réunis à jamais, nous pourrons nous aimer pendant des siècles. cet espoir peut seul me consoler. Si je suis digne d'être là par avance, de là, je te suivrai dans ta vie, mon âme t'accompagnera, t'enveloppera, car tu resteras encore ici-bas, toi. Mène donc une vie sainte pour venir sûrement près de moi. Tu peux faire tan de bien sur cette terre ! N'est-ce pas une mission angélique pour un être souffrant que de répandre la joie autour de lui, de donner ce qu'il n'a pas ? Je te laisse aux malheureux. Il n'y a que leurs sourires et leurs larmes dont je ne serais point jalouse. Nous trouverons un grand charme à ces douces bienfaisances. Ne pourrons-nous pas vivre encore ensemble, si tu veux mêler mon nom, ta Clémence, à ces belles oeuvres ? Après avoir aimé comme nous aimions, il n'y a plus que Dieu, Jules. Dieu ne ment pas, Dieu ne trompe pas. N'adore plus que lui, je le veux.

Cultive-le bien dans tous ceux qui souffrent, soulage les membres endoloris de son Église. Adieu, chère âme que j'ai remplie, je te connais : tu n'aimeras pas deux fois. Je vais donc expirer heureuse par la pensée qui rend toutes les femmes heureuses.

Oui, ma tombe sera ton coeur. Après cette enfance que je t'ai contée, ma vie ne s'est-elle pas écoulée dans ton coeur ? Morte, tu ne m'en chasseras jamais. Je suis fière de cette vie unique !

Tu ne m'auras connue que dans la fleur de la jeunesse, je te laisse des regrets sans désenchantement. Jules, c'est une mort bien heureuse.

“Toi qui m'as si bien comprise, permets-moi de te recommander, chose superflue, sans doute, l'accomplissement d'une fantaisie de femme, le voeu d'une jalousie dont nous sommes l'objet. Je te prie de brûler tout ce qui nous aura appartenu, de détruire notre chambre, d'anéantir tout ce qui peut être un souvenir de notre amour.

“Encore une fois, adieu, le dernier adieu, plein d'amour, comme le sera ma dernière pensée et mon dernier souffle.”

Quand Jules eut achevé cette lettre, il lui vint au coeur une de ces frénésies dont il est impossible de rendre les effroyables crises. Toutes les douleurs sont individuelles, leurs effets ne sont soumis à aucune règle fixe : certains hommes se bouchent les oreilles pour ne plus rien entendre ; quelques femmes ferment les yeux pour ne plus rien voir ; puis, il se rencontre de grandes et magnifiques âmes qui se jettent dans la douleur comme dans un abîme. En fait de désespoir, tout est vrai. Jules s'échappa de chez son frère, revint chez lui, voulant passer la nuit près de sa femme, et voir jusqu'au dernier moment cette créature céleste.

Tout en marchant avec l'insouciance de la vie que connaissent les gens arrivés au dernier degré de malheur, il concevait comment, dans l'Asie, les lois ordonnaient aux époux de ne point se survivre. Il voulait mourir. Il n'était pas encore accablé, il était dans la fièvre de la douleur. Il arriva sans obstacles, monta dans cette chambre sacrée ; il y vit sa Clémence sur le lit de mort, belle comme une sainte, les cheveux en bandeau, les mains jointes, ensevelie dans son linceul. Des cierges éclairaient un prêtre en prières, Joséphine pleurant dans un coin, agenouillée, puis, près du lit, deux hommes.

L'un était Ferragus. Il se tenait debout, immobile, et contemplait sa fille d'un oeil sec ; sa tête, vous l'eussiez prise pour du bronze : il ne vit pas Jules. L'autre était Jacquet, Jacquet pour lequel Madame Jules avait été constamment bonne. Jacquet avait pour elle une de ces respectueuses amitiés qui réjouissent le coeur sans troubles, qui sont une passion douce, l'amour moins ses désirs et ses orages ; et il était venu religieusement payer sa dette de larmes, dire de longs adieux à la femme de son ami, baiser pour la première fois le front glacé d'une créature dont il avait tacitement fait sa soeur.

Là tout était silencieux, ce n'était ni la Mort terrible comme elle l'est dans l'Église, ni la pompeuse Mort qui traverse les rues ; non, c'était la mort se glissant sous le toit domestique, la mort touchante ; c'était les pompes du coeur, les pleurs dérobés à tous les yeux. Jules s'assit près de Jacquet dont il pressa la main, et, sans se dire un mot, tous les personnages de cette scène restèrent ainsi jusqu'au matin. Quand le jour fit pâlir les cierges, Jacquet, prévoyant les scènes douloureuses qui allaient se succéder, emmena Jules dans la chambre voisine. En ce moment le mari regarda le père, et Ferragus regarda Jules, ces deux douleurs s'interrogèrent, se sondèrent, s'entendirent par ce regard. Un éclair de fureur brilla passagèrement dans les yeux de Ferragus.

- c'est toi qui l'as tuée, pensait-il.

- Pourquoi s'être défié de moi ? paraissait répondre l'époux.

Cette scène fut semblable à celle qui se passerait entre deux tigres reconnaissant l'inutilité d'une lutte, après s'être examinés pendant un moment d'hésitation, sans même rugir.

- Jacquet, dit Jules, tu as veillé à tout ?

- À tout, répondit le chef de bureau, mais partout me prévenait un homme qui partout ordonnait et payait.

- Il m'arrache sa fille, s'écria le mari dans un violent accès de désespoir.

Il s'élança dans la chambre de sa femme ; mais le père n'y était plus. Clémence avait été mise dans un cercueil de plomb, et des ouvriers s'apprêtaient à en souder le couvercle. Jules rentra tout épouvanté de ce spectacle, et le bruit du marteau dont se servaient ces hommes le fit machinalement fondre en larmes.

- Jacquet, dit-il, il m'est resté de cette nuit terrible une idée, une seule, mais une idée que je veux réaliser à tout prix. Je ne veux pas que Clémence demeure dans un cimetière de Paris. Je veux la brûler, recueillir ses cendres et la garder. Ne me dis pas un mot sur cette affaire, mais arrange-toi pour qu'elle réussisse.

Je vais me renfermer dans sa chambre, et j'y resterai jusqu'au moment de mon départ. Toi seul entreras ici pour me rendre compte de tes démarches... Va, n'épargne rien.

Pendant cette matinée, Madame Jules, après avoir été exposée dans une chapelle ardente, à la porte de son hôtel, fut amenée à Saint-Roch. L'église était entièrement tendue de noir. L'espèce de luxe déployé pour ce service avait attiré du monde ; car, à Paris, tout fait spectacle, même la douleur la plus vraie. Il y a des gens qui se mettent aux fenêtres pour voir comment pleure un fils en suivant le corps de sa mère, comme il y en a qui veulent être commodément placés pour voir comment tombe une tête. Aucun peuple du monde n'a eu des yeux plus voraces.

Mais les curieux furent particulièrement surpris en apercevant les six chapelles latérales de Saint-Roch également tendues de noir. Deux hommes en deuil assistaient à une messe mortuaire dans chacune de ces chapelles. On ne vit au choeur, pour toute assistance, que Monsieur Desmarets le notaire, et Jacquet ; puis, en dehors de l'enceinte, les domestiques. Il y avait, pour les flâneurs ecclésiastiques, quelque chose d'inexplicable dans une telle pompe et si peu de parenté. Jules n'avait voulu d'aucun indifférent à cette cérémonie. La grand-messe fut célébrée avec la sombre magnificence des messes funèbres. Outre les desservants ordinaires de Saint-Roch, il s'y trouvait treize prêtres venus de diverses paroisses. Aussi jamais peut-être le Dies irae ne produisit-il sur des chrétiens de hasard, fortuitement rassemblés par la curiosité, mais avides d'émotions, un effet plus profond, plus nerveusement glacial que le fut l'impression produite par cette hymne, au moment où huit voix de chantres accompagnées par celles des prêtres et les voix des enfants de choeur l'entonnèrent alternativement. Des six chapelles latérales, douze autres voix d'enfants s'élevèrent aigres de douleur, et s'y mêlèrent lamentablement. De toutes les parties de l'église, l'effroi sourdait ; partout, les cris d'angoisse répondaient aux cris de terreur. Cette effrayante musique accusait des douleurs inconnues au monde, et des amitiés secrètes qui pleuraient la morte.

Jamais, en aucune religion humaine, les frayeurs de l'âme, violemment arrachée du corps et tempêtueusement agitée en présence de la foudroyante majesté de Dieu, n'ont été rendues avec autant de vigueur.

Devant cette clameur des clameurs, doivent s'humilier les artistes et leurs compositions les plus passionnées.

Non, rien ne peut lutter avec ce chant qui résume les passions humaines et leur donne une vie galvanique au-delà du cercueil, en les amenant palpitantes encore devant le Dieu vivant et vengeur. ces cris de l'enfance, unis aux sons de voix graves, et qui comprennent alors, dans ce cantique de la mort, la vie humaine avec tous ses développements, en rappelant les souffrances du berceau, en se grossissant de toutes les peines des autres âges avec les larges accents des hommes, avec les chevrotements des vieillards et des prêtres ; toute cette stridente harmonie pleine de foudres et d'éclairs ne parle-t-elle pas aux imaginations les plus intrépides, aux coeurs les plus glacés, et même aux philosophes ! En l'entendant, il semble que Dieu tonne. Les voûtes d'aucune église ne sont froides ; elles tremblent, elles parlent, elles versent la peur par toute la puissance de leurs échos. Vous croyez voir d'innombrables morts se levant et tendant les mains.

Ce n'est plus ni un père, ni une femme, ni un enfant qui sont sous le drap noir, c'est l'humanité sortant de sa poudre. Il est impossible de juger la religion catholique, apostolique et romaine, tant que l'on n'a pas éprouvé la plus profonde des douleurs, en pleurant la personne adorée qui gît sous le cénotaphe ; tant que l'on n'a pas senti toutes les émotions qui vous emplissent alors le coeur, traduites par cette hymne du désespoir, par ces cris qui écrasent les âmes, par cet effroi religieux qui grandit de strophe en strophe, qui tournoie vers le ciel,

et qui épouvante, qui rapetisse, qui élève l'âme et vous laisse un sentiment de l'éternité dans la conscience, au moment où le dernier vers s'achève. Vous avez été aux prises avec la grande idée de l'infini, et alors tout se tait dans l'église. Il ne s'y dit pas une parole ; les incrédules eux-mêmes ne savent pas ce qu'ils ont. Le génie espagnol a pu seul inventer ces majestés inouïes pour la plus inouïe des douleurs. Quand la suprême cérémonie fut achevée, douze hommes en deuil sortirent des six chapelles, et vinrent écouter autour du cercueil le chant d'espérance que l'Église fait entendre à l'âme chrétienne avant d'aller en ensevelir la forme humaine. Puis chacun de ces hommes monta dans une voiture drapée ; Jacquet et Monsieur Desmarets prirent la treizième ; les serviteurs suivirent à pied. Une heure après, les douze inconnus étaient au sommet du cimetière nommé populairement le Père-Lachaise, tous en cercle autour d'une fosse où le cercueil avait été descendu, devant une foule curieuse accourue de tous les points de ce jardin public. Puis après de courtes prières, le prêtre jeta quelques grains de terre sur la dépouille de cette femme ; et les fossoyeurs, ayant demandé leur pourboire, s'empressèrent de combler la fosse pour aller à une autre.

Ici semble finir le récit de cette histoire ; mais peut-être serait elle incomplète si, après avoir donné un léger croquis de la vie parisienne, si, après en avoir suivi les capricieuses ondulations, les effets de la mort y étaient oubliés. La mort, dans Paris, ne ressemble à la mort dans aucune capitale, et peu de personnes connaissent les débats d'une douleur vraie aux prises avec la civilisation, avec l'administration parisienne.

D'ailleurs, peut être Monsieur Jules et Ferragus XXIII intéressent-ils assez pour que le dénouement de leur vie soit dénué de froideur. Enfin beaucoup de gens aiment à se rendre compte de tout, et voudraient, ainsi que l'a dit le plus ingénieux de nos critiques, savoir par quel procédé chimique l'huile brûle dans la lampe d'Aladin.

Jacquet, homme administratif, s'adressa naturellement à l'autorité pour en obtenir la permission d'exhumer le corps de Madame Jules et de le brûler. Il alla parler au préfet de police, sous la protection de qui dorment les morts, ce fonctionnaire voulut une pétition. Il fallut acheter une feuille de papier timbré, donner à la douleur une forme administrative ; il fallut se servir de l'argot bureaucratique pour exprimer les voeux d'un homme accablé, auquel les paroles manquaient ; il fallut traduire froidement et mettre en marge l'objet de la demande :

Le pétitionnaire sollicite l'incinération de sa femme.

Voyant cela, le chef chargé de faire un rapport au conseiller d'État, préfet de police, dit, en lisant cette apostille, où l'objet de la demande était, comme il l'avait recommandé, clairement exprimé : - Mais, c'est une question grave ! mon rapport ne peut être prêt que dans huit jours.

Jules, auquel Jacquet fut forcé de parler de ce délai, comprit ce qu'il avait entendu dire à Ferragus : brûler Paris. Rien ne lui semblait plus naturel que d'anéantir ce réceptacle de monstruosités.

- Mais, dit-il à Jacquet, il faut aller au ministre de l'Intérieur, et lui faire parler par ton ministre.

Jacquet se rendit au ministère de l'Intérieur, y demanda une audience qu'il obtint, mais à quinze jours de date. Jacquet était un homme persistant. Il chemina donc de bureau en bureau, et parvint au secrétaire particulier du ministre auquel il fit parler par le secrétaire particulier du ministre des Affaires étrangères.

Ces hautes protections aidant, il eut, pour le lendemain, une audience furtive, pour laquelle s'étant précautionné d'un mot de l'autocrate des Affaires étrangères, écrit au pacha de l'Intérieur, Jacquet espéra enlever l'affaire d'assaut. Il prépara des raisonnements, des réponses péremptoires, des en cas ; mais tout échoua.

- Cela ne me regarde pas, dit le ministre. La chose concerne le préfet de police. D'ailleurs il n'y a pas de loi qui donne aux maris la propriété des corps de leurs femmes, ni aux pères celle de leurs enfants, c'est grave ! Puis il y a des considérations d'utilité publique qui veulent que ceci soit examiné. Les intérêts de la ville de Paris peuvent en souffrir. Enfin, si l'affaire dépendait immédiatement de moi, je ne pourrais pas me décider hic et nunc, il me faudrait un rapport.

Le Rapport est dans l'administration actuelle ce que sont les limbes dans le christianisme. Jacquet connaissait la manie du rapport, et il n'avait pas attendu cette occasion pour gémir sur ce ridicule bureaucratique. Il savait que, depuis l'envahissement des affaires par le rapport, révolution administrative consommée en 1804, il ne s'était pas rencontré de ministre qui eût pris sur lui d'avoir une opinion, de
décider la moindre chose, sans que cette opinion, cette chose eût été vannée, criblée, épluchée par les gâte-papier, les porte-grattoir et les sublimes intelligences de ses bureaux. Jacquet (il était un de ces hommes dignes d'avoir Plutarque pour biographe) reconnut qu'il s'était trompé dans la marche de cette affaire, et l'avait rendue impossible en voulant procéder légalement. Il fallait simplement transporter Madame Jules à l'une des terres de Desmarets ; et, là, sous la complaisante autorité d'un maire de village, satisfaire la douleur de son ami. La légalité constitutionnelle et administrative n'enfante rien ; c'est un monstre infécond pour les peuples, pour les rois et pour les intérêts privés ; mais les peuples ne savent épeler que les principes écrits avec du sang ; or, les malheurs de la légalité seront toujours pacifiques ; elle aplatit une nation, voilà tout. Jacquet, homme de liberté, revint alors en songeant aux bienfaits de l'arbitraire, car l'homme ne juge les lois qu'à la lueur de ses passions. Puis, quand Jacquet se vit en présence de Jules, force lui fut de le tromper, et le malheureux, saisi par une fièvre violente, resta pendant deux jours au lit. Le ministre parla, le soir même, dans un dîner ministériel, de la fantaisie qu'avait un Parisien de faire brûler sa femme à la manière des Romains.

Les cercles de Paris s'occupèrent alors pour un moment des funérailles antiques. Les choses anciennes devenant à la mode, quelques personnes trouvèrent qu'il serait beau de rétablir, pour les grands personnages, le

bûcher funéraire. cette opinion eut ses détracteurs et ses défenseurs.
Les uns disaient qu'il y avait trop de grands hommes, et que cette coutume ferait renchérir le bois de chauffage, que chez un peuple aussi ambulatoire dans ses volontés que l'était le Français, il serait ridicule de voir à chaque terme un Longchamp d'ancêtres promenés dans leurs urnes ; puis, que, si les urnes avaient de la valeur, il y avait chance de les trouver à l'encan, saisies, pleines de respectables cendres, par les créanciers, gens habitués à ne rien respecter.
Les autres répondaient qu'il y aurait plus de sécurité qu'au Père Lachaise pour les aïeux à être ainsi casés, car, dans un temps donné, la ville de Paris serait contrainte d'ordonner une Saint Barthélemy contre ses morts qui envahissaient la campagne et menaçaient d'entreprendre un jour sur les terres de la Brie, ce fut enfin une de ces futiles et spirituelles discussions de Paris, qui trop souvent creusent des plaies bien profondes.
Heureusement pour Jules, il ignora les conversations, les bons mots, les pointes que sa douleur fournissait à Paris. Le préfet de police fut choqué de ce que Monsieur Jacquet avait employé le ministre pour éviter les lenteurs, la sagesse de la haute voirie. L'exhumation de Madame Jules était une question de voirie. Donc le bureau de police travaillait à répondre vertement à la pétition, car il suffit d'une demande pour que l'Administration soit saisie ; or, une fois saisie, les choses vont loin, avec elle. L'Administration peut mener toutes questions jusqu'au conseil d'État, autre machine difficile à remuer. Le second jour, Jacquet fit comprendre à son ami qu'il fallait renoncer à son projet ; que, dans une ville où le nombre des larmes brodées sur
les draps noirs était tarifé, où les luis admettaient sept classes d'enterrements, où l'on vendait au poids de l'argent la terre des morts, où la douleur était exploitée, tenue en partie double, où les prières de l'Église se payaient cher, où la Fabrique intervenait pour réclamer le prix de quelques filets de voix ajoutées au Dies irae, tout ce qui sortait de l'ornière administrativement tracée à la douleur était impossible.
- c'eût été, dit Jules, un bonheur dans ma misère, j'avais formé le projet de mourir loin d'ici, et désirais tenir Clémence entre mes bras dans la tombe ! Je ne savais pas que la bureaucratie pût allonger ses ongles jusque dans nos cercueils.

Puis il voulut aller voir s'il y avait près de sa femme un peu de place pour lui. Les deux amis se rendirent donc au cimetière.

Arrivés là, ils trouvèrent, comme à la porte des spectacles ou à l'entrée des musées, comme dans la cour des diligences, des ciceroni qui s'offrirent à les guider dans le dédale du Père Lachaise. Il leur était impossible, à l'un comme à l'autre, de savoir où gisait Clémence. Affreuse angoisse ! Ils allèrent consulter le portier du cimetière. Les morts ont un concierge, et il y a des heures auxquelles les morts ne sont pas visibles. Il faudrait remuer tous les règlements de haute et basse police pour obtenir le droit de venir pleurer à la nuit, dans le silence et la solitude, sur la tombe où gît un être aimé. Il y a consigne pour l'hiver, consigne pour l'été, certes, de tous les portiers de Paris, celui du Père-Lachaise est le plus heureux.

D'abord, il n'a point de cordon à tirer ; puis, au lieu d'une loge, il a une maison, un établissement qui n'est pas tout à lait un ministère, quoiqu'il y ait un très grand nombre d'administrés et plusieurs employés, que ce gouverneur des morts ait un traitement et dispose d'un pouvoir immense dont personne ne peut se plaindre : il fait de l'arbitraire à son aise. Sa loge n'est pas non plus une maison de commerce, quoiqu'il ait des bureaux, une comptabilité, des recettes, des dépenses et des profits, cet homme n'est ni un suisse, ni un concierge, ni un portier ; la porte qui reçoit les morts est toujours béante ; puis, quoiqu'il ait des monuments à conserver, ce n'est pas un conservateur ; enfin c'est une indéfinissable anomalie, autorité qui participe de tout et qui n'est rien, autorité placée, comme la mort dont elle vit, en dehors de tout.

Néanmoins cet homme exceptionnel relève de la ville de Paris, être chimérique comme le vaisseau qui lui sert d'emblème, créature de raison mue par mille pattes rarement unanimes dans leurs mouvements, en sorte que ses employés sont presque inamovibles, ce gardien du cimetière est donc le concierge arrivé à l'état de fonctionnaire, non soluble par la dissolution. Sa place n'est d'ailleurs pas une sinécure ; il ne laisse inhumer personne sans un permis, il doit compte de ses morts, il indique dans ce vaste champ les six pieds carrés où vous mettrez quelque jour tout ce que vous aimez, tout ce que vous haïssez, une maîtresse, un cousin. Oui, sachez-le bien, tous les sentiments de Paris viennent aboutir à cette loge, et s'y administrationalisent, cet homme a des registres pour coucher ses

morts, ils sont dans leur tombe et dans ses cartons.
Il a sous lui des gardiens, des jardiniers, des fossoyeurs, des aides. Il est un personnage. Les gens en pleurs ne lui parlent pas tout d'abord. Il ne comparaît que dans les cas graves : un mort pris pour un autre, un mort assassiné, une exhumation, un mort qui renaît. Le buste du roi régnant est dans sa salle, et il garde peut-être les anciens bustes royaux, impériaux, quasi royaux dans quelque armoire, espèce de petit Père-Lachaise pour les révolutions. Enfin, c'est un homme public, un excellent homme, bon père et bon époux, épitaphe à part. Mais tant de sentiments divers ont passé devant lui sous forme de corbillard ; mais il a tant vu de larmes, les vraies, les fausses ; mais il a vu la douleur sous tant de faces, et sur tant de faces, il a vu six millions de douleurs éternelles !
Pour lui, la douleur n'est plus qu'une pierre de onze lignes d'épaisseur et de quatre pieds de haut sur vingt-deux pouces de large. Quant aux regrets, ce sont les ennuis de sa charge, il ne déjeune ni ne dîne jamais sans essuyer la pluie d'une inconsolable affliction. Il est bon et tendre pour toutes les autres affections ; il pleurera sur quelque héros de drame, sur Monsieur Germeuil de L'Auberge des Adrets, l'homme à la culotte beurre frais, assassiné par Macaire ; mais son coeur s'est ossifié à l'endroit des véritables morts. Les morts sont des chiffres pour lui ; son état est d'organiser la mort. Puis enfin, il se rencontre, trois fois par siècle, une situation où son rôle devient sublime, et alors il est sublime à toute heure... en temps de peste.
Quand Jacquet l'aborda, ce monarque absolu rentrait assez en colère.
- J'avais dit, s'écria-t-il, d'arroser les fleurs depuis la rue Masséna jusqu'à la place Regnault de Saint-Jean-d'Angély ! Vous vous êtes moqués de cela, vous autres. Sac à papier ! si les parents s'avisent de venir aujourd'hui qu'il fait beau, ils s'en prendront à moi : ils crieront comme des brûlés, ils diront des horreurs de nous et nous calomnieront...
- Monsieur, lui dit Jacquet, nous désirerions savoir où a été inhumée Madame Jules.
- Madame Jules, qui ? demanda-t-il. Depuis huit jours, nous avons eu trois Madame Jules...
“Ah ! dit-il en s'interrompant et regardant à la porte, voici le convoi du colonel de Maulincour, allez chercher le permis...

Un beau convoi, ma foi ! reprit-il. Il a suivi de près sa grand mère. Il y a des familles où ils dégringolent comme par gageure.
Ça vous a un si mauvais sang, ces Parisiens.
- Monsieur, lui dit Jacquet en lui frappant sur le bras, la personne dont je vous parle est Madame Jules Desmarets, la femme de l'agent de change.
- Ah ! je sais, répondit-il en regardant Jacquet. N'était-ce pas un convoi où il y avait treize voitures de deuil, et un seul parent dans chacune des douze premières ? c'était si drôle que ça nous a frappés...
- Monsieur, prenez garde. Monsieur Jules est avec moi, il peut vous entendre, et ce que vous dites n'est pas convenable.
- Pardon, Monsieur, vous avez raison. Excusez, je vous prenais pour des héritiers.
- Monsieur, reprit-il en consultant un plan du cimetière, Madame Jules est rue du maréchal Lefebvre, allée n° 4, entre mademoiselle Raucourt, de la comédie-Française, et Monsieur Moreau-Malvin, un fort boucher, pour lequel il y a un tombeau de marbre blanc de commandé, qui sera vraiment un des plus beaux de notre cimetière.
- Monsieur, dit Jacquet en interrompant le concierge, nous ne sommes pas plus avancés...
- C'est vrai, répondit-il en regardant tout autour de lui.
“Jean, cria-t-il à un homme qu'il aperçut, conduisez ces messieurs à la fosse de Madame Jules, la femme d'un agent de change ! Vous savez, près de mademoiselle Raucourt, la tombe où il y a un buste.
Et les deux amis marchèrent sous la conduite de l'un des gardiens ; mais ils ne parvinrent pas à la route escarpée qui menait à l'allée supérieure du cimetière sans avoir essuyé plus de vingt propositions que des entrepreneurs de marbrerie, de serrurerie et de sculpture vinrent leur faire avec une grâce mielleuse.
- Si Monsieur voulait faire construire quelque chose, nous pourrions l'arranger à bien bon marché...
Jacquet fut assez heureux pour éviter à son ami ces paroles épouvantables pour des coeurs saignants, et ils arrivèrent au lieu de repos. En voyant cette terre fraîchement remuée, et où des maçons avaient enfoncé des fiches afin de marquer la place des dés de pierre nécessaires au serrurier pour poser sa grille, Jules s'appuya sur l'épaule de Jacquet, en se soulevant par

intervalles, pour jeter de longs regards sur ce coin d'argile où il lui fallait laisser les dépouilles de l'être par lequel il vivait encore.
- comme elle est mal là ! dit-il.
- Mais elle n'est pas là, lui répondit Jacquet, elle est dans ta mémoire. Allons, viens, quitte cet odieux cimetière, où les morts sont parés comme des femmes au bal.
- Si nous l'ôtions de là ?
- Est-ce possible ?
- Tout est possible, s'écria Jules.
“Je viendrai donc là, dit-il après une pause. Il y a de la place.
Jacquet réussit à l'emmener de cette enceinte divisée comme un damier par des grilles en bronze, par d'élégants compartiments où étaient enfermés des tombeaux tous enrichis de palmes, d'inscriptions, de larmes aussi froides que les pierres dont s'étaient servis des gens désolés pour faire sculpter leurs regrets et leurs larmes. Il y a là de bons mots gravés en noir, des épigrammes contre les curieux, des concetti, des adieux spirituels, des rendez-vous pris où il ne se trouve jamais qu'une personne, des biographies prétentieuses, du clinquant, des guenilles, des paillettes. Ici des thyrses ; là, des fers de lance ; plus loin, des urnes égyptiennes ; çà et là, quelques canons ; partout, les emblèmes de mille professions ; enfin tous les styles : du mauresque, du grec, du gothique, des frises, des oves, des peintures, des urnes, des génies, des temples, beaucoup d'immortelles fanées et de rosiers morts. c'est une infâme comédie ! c'est encore tout Paris avec ses rues, ses enseignes, ses industries, ses hôtels ; mais vu par le verre dégrossissant de la lorgnette, un Paris microscopique réduit aux petites dimensions des ombres, des larves, des morts, un genre humain qui n'a plus rien de grand que sa vanité.
Puis Jules aperçut à ses pieds, dans la longue vallée de la Seine, entre les coteaux de Vaugirard, de Meudon, entre ceux de Belleville et de Montmartre, le véritable Paris, enveloppé d'un voile bleuâtre, produit par ses fumées, et que la lumière du soleil rendait alors diaphane. Il embrassa d'un coup d'oeil furtif ces quarante mille maisons, et dit, en montrant l'espace compris entre la colonne de la place Vendôme et la coupole d'or des Invalides :
- Elle m'a été enlevée là, par la funeste curiosité de ce monde qui s'agite et

se presse, pour se presser et s'agiter.

À quatre lieues de là, sur les bords de la Seine, dans un modeste village assis au penchant de l'une des collines qui dépendent de cette longue enceinte montueuse au milieu de laquelle le grand Paris se remue, comme un enfant dans son berceau, il se passait une scène de mort et de deuil, mais dégagée de toutes les pompes parisiennes, sans accompagnements de torches ni de cierges, ni de voitures drapées, sans prières catholiques, la mort toute simple. Voici le fait. Le corps d'une jeune fille était venu matinalement échouer sur la berge, dans la vase et les joncs de la Seine. Des tireurs de sable, qui allaient à l'ouvrage, l'aperçurent en montant dans leur frêle bateau.

- Tiens ! cinquante francs de gagnés, dit l'un d'eux. - c'est vrai, dit l'autre. Et ils abordèrent auprès de la morte. - c'est une bien belle fille. - Allons faire notre déclaration. Et les deux tireurs de sable, après avoir couvert le corps de leurs vestes, allèrent chez le maire du village, qui fut assez embarrassé d'avoir à faire le procès-verbal nécessité par cette trouvaille.

Le bruit de cet événement se répandit avec la promptitude télégraphique particulière aux pays où les communications sociales n'ont aucune interruption, et où les médisances, les bavardages, les calomnies, le conte social dont se repaît le monde ne laisse point de lacune d'une borne à une autre. Aussitôt des gens qui vinrent à la mairie tirèrent le maire de tout embarras. Ils convertirent le procès-verbal en un simple acte de décès. Par leurs soins, le corps de la fille fut reconnu pour être celui de la demoiselle Ida Gruget, couturière en corsets, demeurant rue de la corderie-du-Temple, n°14. La police judiciaire intervint, la veuve Gruget, mère de la défunte, arriva, munie de la dernière lettre de sa fille. Au milieu des gémissements de la mère, un médecin constata l'asphyxie par l'invasion du sang noir dans le système pulmonaire, et tout fut dit. Les enquêtes faites, les renseignements donnés, le soir, à six heures, l'autorité permit d'inhumer la grisette. Le curé du lieu refusa de la recevoir à l'église et de prier pour elle. Ida Gruget fut alors ensevelie dans un linceul par une vieille paysanne, et mise dans cette bière vulgaire, faite en planches de sapin, puis portée au cimetière par quatre hommes, et suivie de quelques paysannes curieuses, qui se racontaient cette mort en la commentant avec une surprise mêlée de commisération. La veuve Gruget fut charitablement retenue par une vieille

dame, qui l'empêcha de se joindre au triste convoi de sa fille. Un homme à triples fonctions, sonneur, bedeau, fossoyeur de la paroisse, avait fait une fosse dans le cimetière du village, cimetière d'un demi-arpent, situé derrière l'église ; une
église bien connue, église classique, ornée d'une tour carrée à toit pointu couvert en ardoise, soutenue à l'extérieur par des contreforts anguleux. Derrière le rond décrit par le choeur, se trouvait le cimetière, entouré de murs en ruine, champ plein de monticules ; ni marbres, ni visiteurs, mais certes sur chaque sillon des pleurs et des regrets véritables qui manquèrent à Ida Gruget. Elle fut jetée dans un coin parmi des ronces et de hautes herbes. Quand la bière fut descendue dans ce champ si poétique par sa simplicité, le fossoyeur se trouva bientôt seul, à la nuit tombante. En comblant cette fosse, il s'arrêtait par intervalles pour regarder dans le chemin, par-dessus le mur ; il y eut un moment où, la main appuyée sur sa pioche, il examina la Seine, qui lui avait amené ce corps.

- Pauvre fille ! s'écria un homme survenu là tout à coup.

- Vous m'avez fait peur, Monsieur ! dit le fossoyeur.

- Y a-t-il eu un service pour celle que vous enterrez ?

- Non, Monsieur. Monsieur le curé n'a pas voulu. Voilà la première personne enterrée ici sans être de la paroisse. Ici, tout le monde se connaît. Est-ce que Monsieur ?... Tiens, il est parti !

Quelques jours s'étaient écoulés, lorsqu'un homme vêtu de noir se présenta chez Monsieur Jules et, sans vouloir lui parler, remit dans la chambre de sa femme une grande urne de porphyre, sur laquelle il lut ces mots :

INVITA LEGE,
CONJUGI MOERENTI

FILIOLAE CINERES
RESTITUIT,
AMICIS XII JUVANTIBUS
MORIBUNDUS PATER.

- Quel homme ! dit Jules en fondant en larmes. Huit jours suffirent à l'agent de change pour obéir à tous les désirs de sa femme, et pour mettre ordre à ses affaires ; il vendit sa charge au frère de Martin Falleix, et partit de Paris au moment où l'Administration discutait encore s'il était licite à un citoyen de disposer du corps de sa femme.

CONCLUSION

Qui n'a pas rencontré sur les boulevards de Paris, au détour d'une rue ou sous les arcades du Palais-Royal, enfin en quelque lieu du monde où le hasard veuille le présenter, un être, un homme ou femme, à l'aspect duquel mille pensées confuses naissent en l'esprit ! À son aspect, nous sommes subitement intéressés ou par des traits dont la conformation bizarre annonce une vie agitée, ou par l'ensemble curieux que présentent les gestes, l'air, la démarche et les vêtements, ou par quelque regard profond, ou par d'autres je ne sais quoi qui saisissent fortement et tout à coup, sans que nous nous expliquions bien précisément la cause de notre émotion. Puis, le lendemain, d'autres pensées, d'autres images parisiennes emportent ce rêve passager. Mais si nous rencontrons encore le même personnage, soit passant à heure fixe, comme un employé de mairie qui appartient au mariage pendant huit heures, soit errant
dans les promenades, comme ces gens qui semblent être un mobilier acquis aux rues de Paris, et que l'on retrouve dans les lieux publics, aux premières représentations ou chez les restaurateurs, dont ils sont le plus bel ornement, alors cette créature s'inféode à votre souvenir, et y reste comme un premier volume de roman dont la fin nous échappe. Nous sommes tentés d'interroger cet inconnu, et de lui dire : - Qui êtes-vous ? Pourquoi flânez-vous ? De quel droit avez-vous un col plissé, une canne à pomme d'ivoire, un gilet passé ? Pourquoi ces lunettes bleues à doubles verres, ou pourquoi conservez-vous la cravate des muscadins ? Parmi ces créations errantes, les unes appartiennent à l'espèce des dieux Termes ; elles ne disent rien à l'âme ; elles sont là, voilà tout : pourquoi ? personne ne le sait ; c'est de ces figures semblables à celles qui servent de type aux sculpteurs pour les quatre Saisons, pour le commerce et l'Abondance. Quelques autres, anciens avoués, vieux négociants, antiques généraux, s'en vont, marchent et paraissent toujours arrêtées. Semblables à des arbres qui se trouvent à moitié déracinés au bord d'un fleuve, elles ne semblent jamais faire partie du torrent de Paris, ni de sa foule jeune et active. Il est

impossible de savoir si l'on a oublié de les enterrer, ou si elles se sont échappées du cercueil ; elles sont arrivées à un état quasi fossile. Un de ces Melmoth parisiens était venu se mêler depuis quelques jours parmi la population sage et recueillie qui, lorsque le ciel est beau, meuble infailliblement l'espace enfermé entre la grille sud du Luxembourg et la grille nord de l'observatoire, espace sans genre, espace neutre dans Paris.
En effet, là, Paris n'est plus ; et là, Paris est encore.
Ce lieu tient à la lois de la place, de la rue, du boulevard, de la fortification, du jardin, de l'avenue, de la route, de la province, de la capitale ; certes, il y a de tout cela ; mais ce n'est rien de tout cela : c'est un désert. Autour de ce lieu sans nom, s'élèvent les Enfants-Trouvés, la Bourbe, l'hôpital Cochin, les capucins, l'hospice La Rochefoucauld, les Sourds-Muets, l'hôpital du Val-de-Grâce ; enfin, tous les vices et tous les malheurs de Paris ont là leur asile ; et, pour que rien ne manquât à cette enceinte philanthropique, la Science y étudie les marées et les longitudes ; Monsieur de chateaubriand y a mis l'infirmerie Marie Thérèse, et les carmélites y ont fondé un couvent. Les grandes situations de la vie sont représentées par les cloches qui sonnent incessamment dans ce désert, et pour la mère qui accouche, et pour l'enfant qui naît, et pour le vice qui succombe, et pour l'ouvrier qui meurt, et pour la vierge qui prie, et pour le vieillard qui a froid, et pour le génie qui se trompe. Puis, à deux pas, est le cimetière du Mont-Parnasse, qui attire d'heure en heure les chétifs convois du faubourg Saint-Marceau. cette esplanade, d'où l'on domine Paris, a été conquise par les joueurs de boules, vieilles figures grises, pleines de bonhomie, braves gens qui continuent nos ancêtres, et dont les physionomies ne peuvent être comparées qu'à celles de leur public, à la galerie mouvante qui les suit. L'homme devenu depuis quelques jours l'habitant de ce quartier désert assistait assidûment aux parties de boules, et pouvait, certes, passer pour la créature la plus saillante de ces groupes,
qui, s'il était permis d'assimiler les Parisiens aux différentes classes de la zoologie, appartiendraient au genre des mollusques. Ce nouveau venu marchait sympathiquement avec le cochonnet, petite boule qui sert de point de mire, et constitue l'intérêt de la partie ; il s'appuyait contre un arbre quand le cochonnet s'arrêtait ; puis, avec la même attention qu'un chien en prête aux gestes de son maître, il regardait les boules volant dans

l'air ou roulant à terre. Vous l'eussiez pris pour le génie fantastique du cochonnet. Il ne disait rien, et les joueurs de boules, les hommes les plus fanatiques qui se soient rencontrés parmi les sectaires de quelque religion que ce soit, ne lui avaient jamais demandé compte de ce silence obstiné ; seulement, quelques esprits forts le croyaient sourd et muet. Dans les occasions où il fallait déterminer les différentes distances qui se trouvaient entre les boules et le cochonnet, la canne de l'inconnu devenait la mesure infaillible, les joueurs venaient alors la prendre dans les mains glacées de ce vieillard, sans la lui emprunter par un mot, sans même lui faire un signe d'amitié. Le prêt de sa canne était comme une servitude à laquelle il avait négativement consenti. Quand il survenait une averse, il restait près du cochonnet, esclave des boules, gardien de la partie commencée.

La pluie ne le surprenait pas plus que le beau temps, et il était comme les joueurs, une espèce intermédiaire entre le Parisien qui a le moins d'intelligence, et l'animal qui en a le plus. D'ailleurs, pâle et flétri, sans soins de lui-même, distrait, il venait souvent nu-tête, montrant ses cheveux blanchis et son crâne carré, jaune, dégarni, semblable au genou qui perce le pantalon d'un pauvre.

Il était béant, sans idées dans le regard, sans appui précis dans la démarche ; il ne souriait jamais, ne levait jamais les yeux au ciel, et les tenait habituellement baissés vers la terre, et semblait toujours y chercher quelque chose. À quatre heures, une vieille femme venait le prendre pour le ramener on ne sait où, en le traînant à la remorque par le bras, comme une jeune fille tire une chèvre capricieuse qui veut brouter encore quand il faut venir à l'étable, ce vieillard était quelque chose d'horrible à voir.

Dans l'après-midi, Jules, seul dans une calèche de voyage lestement menée par la rue de l'Est, déboucha sur l'esplanade de l'observatoire au moment où ce vieillard, appuyé sur un arbre, se laissait prendre sa canne au milieu des vociférations de quelques joueurs pacifiquement irrités. Jules, croyant reconnaître cette figure, voulut s'arrêter, et sa voiture s'arrêta précisément. En effet, le postillon, serré par des charrettes, ne demanda point passage aux joueurs de boules insurgés, il avait trop de respect pour les émeutes, le postillon.

- C'est lui, dit Jules en découvrant enfin dans ce débris humain Ferragus XXIII, chef des Dévorants, comme il l'aimait ! ajouta-t-il après une pause.

Marchez donc, postillon ! cria-t-il.

Paris, février 1833.